八字學教科書

何榮柱——著

知「先天命」，掌握「後天運」！

八字學大師何榮柱以其逾三十年研究與實務經驗，精闢解析個人生命基礎密碼，推算性格所呈現的人生方向。

自序

　　寫書，是一門苦差事……尤其是寫關於命理方面的書籍。太深奧嘛！一般人又看不懂；寫的太簡單嘛，別人又會說沒什麼內容。當然，坊間有關八字的著作，可以說是百家爭鳴……我個人覺得，時代在改變，思維也跟著改變，在科技網路發達的時代裡講求的是效率，清楚、確實、明白、人與人之間的交談互動變少了，語文的能力當然也跟著下降了，基於這個動機，讓我更堅決的想寫一本很淺顯而白話的八字書籍，可以讓大家都看得懂，並且覺得很好學。歷經了五年的時間，才終於在出版社與我的一些學生們的催生之下，於九十八年初問市了！

　　這本書的書名《八字學教科書》延續了我在兩年前的著作《姓名學教科書》一貫的風格，以教學的方式編排，讓一些想學八字的人，能夠按部就班、循序漸進的學好八字！

　　這些年來，在國內興起了一股學習風水命理的風潮，而命理這個範圍，又以八字學最為基礎而根本，俗話說：「落土時，八字命。」意思是說，人的一生的命運，在出生的那一刻，就已經決定了大半。當然，會影

響人的命運不單單只有出生的八字，還有後天的陽宅、風水、姓名等等都是有一定的影響力，只不過在一般人的觀念裡，「命理五術」還是披著一層神祕的色彩，讓人無法捉摸而望之卻步。或者常看到，許多人學習八字很長的時間，卻還是不知所以然。吾是過來人，也經歷過這種困境。

「話」是要讓人聽懂的，才有用！「書」是要讓人看得懂的，才有意義！否則就曲高和寡，反而失去寫書的本意！你說對嗎？

筆者著作本書，不敢說是曠世傑作，更不敢以此自誇。但卻本著「淺顯易懂」、「有什麼，知道什麼，就寫什麼！」的精神，毫不保留的剖析，以期能夠幫助更多的人了解八字。「八字」，說穿了，不過是八個字嘛！有這麼難嗎？看完本書後你一定會完全的改觀的，甚至覺得「八字好好玩」！而這也是我內心最大的期盼啊！

何榮柱　於竹塹2009/1/5書

目　錄

前言

一、八字的歷史沿革

「八字」傳說是黃帝時代，大撓氏創天干、地支以表達時空的陰陽五行，天干、地支的配合產生了六十甲子，四柱皆依六十甲子運行。

但利用四柱排命理，相傳由戰國鬼谷子以《前定命數》取年干、時干爲人論命，經唐朝李盧中的改良整理成《李盧中命書》改以年柱爲主爲人推命，再經宋朝徐子平《子平眞詮》結合節氣後改以日柱爲人推命依據。自徐子平以後，八字論命的方式大略抵定。

但《子平眞詮》的內容立論縱橫，卻承襲密書的積習，言語飄渺，後學之士難以明白。所幸有明朝劉基(字伯溫)著《滴天髓》加以闡微，由清朝任鐵樵《滴天髓徵義》補註及近代先賢徐樂吾《滴天髓補註》，因而成爲現代的八字命理，又稱爲「子平八字」。

二、「子平八字」的觀念

1. 八字是人出生時的年、月、日、時。隱含著一個人一生的運勢、與外在環境的關係。

2. 「用神是命局的藥」。可以將八字比擬成身體，由各
   種組織、器官所構成，當組織、器官運作不良時，身
   體就會產生不同症狀，因此必須要查明發生的原因，
   然後採取相對應的「用神」治療，對八字產生正向的
   影響，才可以減輕、消除症狀。

3. 「八字派姓名學」更進一步認爲「用神」也是取名的
   關鍵。因爲姓名之所以對人具有影響力，正是因爲姓
   名中所包含的「用神」能直接對命主的八字產生影
   響，這也是「姓名會影響人」的理論能成立的重要關
   鍵。讀者可另參照我的另一本拙著：《姓名學教科
   書》，內文中有非常詳細的的論述。

三、「子平八字」的排法，有以下特別的主張

1. 時間的判定以節氣「立春」爲主，每一年要過了「立
   春」才能使用次一年之年干支，否則仍以前一年之年
   干支。與「生肖派」姓名學要過了農曆的正月初一的
   論法不同。

2. 有早子時和夜子時的分別。與紫微斗數只論子時，而
   不分早子晚子的論法不同。

3. 以出生當地的時間爲主（但需要扣除日光節約時
   間），不用再換算成中原標準時間。

4. 因爲需要考慮「節氣」，因爲節氣需要準確至「小時
   和分鐘」，爲了避免有誤差所以需要準確的出生時、
   分。

四、如何排列你的四柱及生辰八字？

1. 確定出生的年月日時
2. 排四柱
3. 排八字行運（大運）
4. 判斷身強、身弱
5. 取用神
6. 神煞各論

排四柱

四柱的格式與意義

　　推算四柱時，以出生時區的時間推算，不用換算成中原時間。

四柱的格式與意義

　　四柱之格式爲直式，由右向左排，最右方爲年柱，繼而月柱、日柱、時柱。

a.「年柱」：（根）主父母輩、家族、事業。
b.「月柱」：（苗）主朋友、兄弟姊妹、交友環境，和內在心性。
c.「日柱」：（花）主配偶，外在顯露的個性。
d.「時柱」：（果）主子女也主事業。

時	日	月	年	
○	○	○	○	天干
○	○	○	○	地支

排年柱

排年柱的第一個方法是查「萬年曆」，就可以得知年的干支。

八字是以節氣來決定年，而不以陰曆的正月初一作為一年之始，過了「立春」才算新年的開始，在「立春」前出生的，皆以前一年之干支論。至於「立春」的日期，通常在每年陽曆的二月二至二月五日。

以1957年2月2日（陰曆正月初三）為例，雖然已過了陰曆初一，但該年立春為正月初五早上9時55分，所以此人年柱仍為「丙申」年而非「丁酉」年。但因為已經過了正月初一，生肖派以陰曆來論，所以生肖仍為「雞」來論。

排年柱的速算法有兩個：一個是用民國年計算，一個是用西元年計算。

1. 計算民國年。以民國93年為例：先將93減12等於81（因民國十三年為干支年之首年——甲子年，所以減12就是干支年之最後一年癸亥）；再將81除以10等於8餘1，餘數就是天干的順序，所以第一個天干年為「甲」；81除以12等於6餘9，餘數就是地支的順序，所以地支年為第九個地支為「申」。由以上之計算可知民國93年的干支為「甲申」年。

2. 另一個簡單的方式，以民國93年為例，先將尾數（即個位數）減2等於〔3-2〕＝1，此即為十天干的等一位「甲」。再把93除以12等於7餘9，餘數就是地

支的順序，所以地支爲第九個地支「申」。由以上之計算可知民國93年的干支爲「甲申」年。

排月柱

排月柱的第一個方法是查「萬年曆」，就可以得知該月的干支。

排月柱的第二個方法是參考「五虎遁月表」排出該月之天干。以五虎遁稱，因爲全以「寅」月加天干順排，「寅」爲虎，故稱五虎遁月，「五虎遁年起月歌訣」如下：

甲己之年丙作首，

乙庚之歲戊爲頭，

丙辛歲首尋庚起，

丁壬壬位順行流，

若言戊癸何方發，

甲寅之上好追求。

這歌訣的意思是：如年干是甲、己，則該年正月的天干爲「丙」，二月天干爲「丁」；其他月份則依序排列。倘若年干是乙、庚，則正月的天干爲「戊」，二月天干爲「己」；其他則依序排列。（貧富跟人家）口訣。丙戊庚壬甲。

五虎遁月表（年上起月表）

月支＼出生年干		年　干				
		甲、己	乙、庚	丙、辛	丁、壬	戊、癸
立春	寅（陰曆正月）	丙	戊	庚	壬	甲
驚蟄	卯（陰曆二月）	丁	己	辛	癸	乙
清明	辰（陰曆三月）	戊	庚	壬	甲	丙
立夏	巳（陰曆四月）	己	辛	癸	乙	丁
芒種	午（陰曆五月）	庚	壬	甲	丙	戊
小暑	未（陰曆六月）	辛	癸	乙	丁	己
立秋	申（陰曆七月）	壬	甲	丙	戊	庚
白露	酉（陰曆八月）	癸	乙	丁	己	辛
寒露	戌（陰曆九月）	甲	丙	戊	庚	壬
立冬	亥（陰曆十月）	乙	丁	己	辛	癸
大雪	子（陰曆十一月）	丙	戊	庚	壬	甲
小寒	丑（陰曆十二月）	丁	己	辛	癸	乙

（表右側標示「月干」）

　　以民國五十四年三月二十八日（陰曆二月二十六日）未時生之男為例，得月干支為：己卯。

排日柱

　　日柱的干支的排列並沒有規則，所以排日柱的唯一方法是利用陽曆日期查「萬年曆」，就可以得知該日的干支。以民國五十四年三月二十八日（陰曆二月二十六日）未時生之男為例，得日干支為：辛巳。

排時柱

　　一日之內分為十二個時辰，每個時辰有兩個小時，

十二個時辰共二十四小時，要查詢一般的時辰和小時的換算，可以參考「十二時辰和現今時間對應表」如下：

十二時辰和現今時間對應表

時辰　現今時間
子時　23:00～01:00
丑時　01:00～03:00
寅時　03:00～05:00
卯時　05:00～07:00
辰時　07:00～09:00
巳時　09:00～11:00
午時　11:00～13:00
未時　13:00～15:00
申時　15:00～17:00
酉時　17:00～19:00
戌時　19:00～21:00
亥時　21:00～23:00

　　在八字的時辰換算與一般的時辰略有不同，差別在於子時的分野，八字又將子時分成：早子時及夜子時。作同一天計算，例如：有一人在乙丑日的零時四十分出生，爲早子時，時柱即爲：丙子，倘若另一人在同一日的二十三時二十分出生，這是夜子時，日柱仍作乙丑，時柱即爲：戊子。即往下再退一格。PS：（晚子時的時干有變，而早子時時干不變）。

　　排時柱的第一個方法是查「五鼠遁日起時訣」，就可以得知該時的干支。這個可以參考「五鼠遁日起時訣」，這個歌訣因爲全以「子」時加天干順排，「子」爲鼠，故稱五鼠遁時，「五鼠遁日起時訣」如下：

五鼠遁日起時訣

天干	歌訣
甲、己	甲己還加甲
乙、庚	乙庚丙作初
丙、辛	丙辛從戊起
丁、壬	丁壬庚子屬
戊、癸	戊癸何方發
壬子是眞途	

　　從口訣排時干，第一句甲己還加甲，指甲己日的子時以甲來配，每一時辰進一位，所以丑時以乙來配，寅時以丙來配，其他時辰以此類推。乙庚日的子時以丙來配，順排下去，丑時以丁來配。

　　排時柱的第二個方法是直接參考「五鼠遁時表」，按表推算出該日之干支。

時　干	日　干				
	甲、己	乙、庚	丙、辛	丁、壬	戊、癸
早子00:00～01:00	甲子	丙子	戊子	庚子	壬子
丑時01:00～03:00	乙丑	丁丑	己丑	辛丑	癸丑
寅時03:00～05:00	丙寅	戊寅	庚寅	壬寅	甲寅
卯時05:00～07:00	丁卯	己卯	辛卯	癸卯	乙卯
辰時07:00～09:00	戊辰	庚辰	壬辰	甲辰	丙辰
巳時09:00～11:00	己巳	辛巳	癸巳	乙巳	丁巳
午時11:00～13:00	庚午	壬午	甲午	丙午	戊午
未時13:00～15:00	辛未	癸未	乙未	丁未	己未
申時15:00～17:00	壬申	甲申	丙申	戊申	庚申
酉時17:00～19:00	癸酉	乙酉	丁酉	己酉	辛酉
戌時19:00～21:00	甲戌	丙戌	戊戌	庚戌	壬戌
亥時21:00～23:00	乙亥	丁亥	己亥	辛亥	癸亥
夜子時23:00～00:00	丙子	戊子	庚子	壬子	甲子

　　例：以民國54年3月28日（陰曆2月26日）未時生之男 爲例，得時干支爲：乙未。

地支藏干

　　標出地支藏干的方法是直接參考「地支藏干口訣」，按口訣推算出該支藏干。

地支藏干口訣

地支	藏干	歌訣一	歌訣二
子	癸	「子」宮癸水在其中	子鬼水
丑	己、辛、癸	「丑」土癸辛己上同	醜鬼心機
寅	甲、丙、戊	「寅」中甲木兼丙戊	銀甲餅五
卯	乙	「卯」宮乙木獨相逢	貓一目
辰	乙、戊、癸	「辰」藏乙戊三分癸	成五一鬼
巳	庚、丙、戊	「巳」內庚金丙戊重	四根冰霧
午	丁、己	「午」宮丁火並己土	五雞丁
未	乙、己、丁	「未」宮乙己並丁宗	胃一雞丁
申	戊、庚、壬	「申」內戊庚壬水位	深內五美人
酉	辛	「酉」宮辛金獨豐隆	有藏心
戌	辛、丁、戊	「戌」宮辛金及丁戊	虛心五釘
亥	壬、甲	「亥」藏壬甲是真宗	海上人家

五鼠遁時表（日上起時表）

　　以民國54年3月28日（陰曆2月26日）未時生之男為例：

時	日	月	年	
乙	辛	己	乙	
未	巳	卯	巳	
丁己乙	戊丙庚	乙	戊丙庚	地支藏干

五、標當令

　　標出當令之步驟：

1. 依照出生的陰曆月份，確定該月「中氣」確定的日期與時間。

2. 將出生的日期、時間減去「中氣」的日期、時間，得

出的日數無條件進位。

3. 查看「地支藏干日數表」中該「中氣」內各藏干的日數，以確定當令座落的天干。

以民國54年3月28日（陰曆2月26日）未時（以14:00計算）生之男 為例：

時	日	月	年
乙	辛	己	乙
未	巳	卯	巳
己丁乙	庚戊丙	乙偏財	庚戊丙

1. 該年二月「驚蟄」的日期、時間為2月4日03:01

2. 以2月26日14:00減去2月4日03:01，大約是二十二日。

3. 查看「地支藏干日數示意圖」中該「中氣」內各藏干的日數（22－10＝12），得知座落在「乙」，所以「乙」是當令。對照日干辛即是偏財當令。

＊地支藏干日數示意圖（此爲判斷何者爲當令之天干）

戊1～5日 庚6～15日 丙16～30日 巳（四月）立夏	己1～10日 丁11～30日 午（五月）芒種	乙1～5日 丁6～15日 己16～30日 未（六月）小暑	戊1～5日 壬6～15日 庚16～30日 申（七月）立秋
癸1～5日 乙6～15日 戊16～30日 辰（三月）清明			庚1～10日 辛11～30日 酉（八月）白露
甲1～10日 乙11～30日 卯（二月）驚蟄			丁1～5日 戊6～15日 辛16～30日 戌（九月）寒露
戊1～5日 丙6～15日 甲16～30日 寅（正月）立春	辛1～5日 癸6～10日 己11～30日 丑（十二月）小寒	壬1～10日 癸11～30日 子（十一月）大雪	甲1～10日 壬11～30日 亥（十月）立冬

當令之看法

例：

戊1～5日 ——→ 申月第1～5日之地支藏干爲戊土當令
壬6～15日 ——→ 申月第6～15日之地支藏干爲壬水當令
庚16～30日 ——→ 申月第16～30日之地支藏干爲庚金當令
申（七月）立秋

六、配六神

將年干、月干、時干與地支藏干，依照下列「十神表」內的日主，依照天干反推出十神。

再以民國五十四年三月二十八日（陰曆二月二十六日）未時生之男爲例：

```
  時      日      月      年
  偏      日      偏      偏
  財      主      印      財
  乙      辛      己      乙
  未      巳      卯      巳
己丁乙   庚戊丙   乙   庚戊丙
偏七偏   劫正正   偏   劫正正
印殺財   財印官   財   財印官
```

十神表

十神＼日主	比肩	劫財	食神	傷官	偏財	正財	七殺	正官	偏印	正印
甲	甲	乙	丙	丁	戊	己	庚	辛	壬	癸
乙	乙	甲	丁	丙	己	戊	辛	庚	癸	壬
丙	丙	丁	戊	己	庚	辛	壬	癸	甲	乙
丁	丁	丙	己	戊	辛	庚	癸	壬	乙	甲
戊	戊	己	庚	辛	壬	癸	甲	乙	丙	丁
己	己	戊	辛	庚	癸	壬	乙	甲	丁	丙
庚	庚	辛	壬	癸	甲	乙	丙	丁	戊	己
辛	辛	庚	癸	壬	乙	甲	丁	丙	己	戊
壬	壬	癸	甲	乙	丙	丁	戊	己	庚	辛
癸	癸	壬	乙	甲	丁	丙	己	戊	辛	庚

七、排八字行運（大運）

八字行運理論

　　《三命通會》說「古人以大運一辰（一組干支）應十歲（管十年運氣好壞），折除三日爲一年者（由出生日數到交節令日，超過三日做一歲起運計，起過九日則以三日計，於此類推），何也？蓋一月之終，晦朔周而有三十日；一日之終，晝夜周而有十二時，總十年之運氣，凡三日得三十六時，應三百六十日爲一歲之數，一月得三六十時，正應三千六日爲一辰十歲之數。論折除法，必用生者實曆日時（出生日期時間），數其節氣之數。」

　　《三命通會》說「陽男陰女，大運之生日後未來節氣日時爲數，順而行之；陰男陽女，大運之生日前過去節氣日時爲數，逆而行之。」

　　大運的干支是從四柱中的月柱干支排演出來，而分成兩類：

a. 年干屬陽的男（陽男）與年干屬陰的女（陰女），其大運干支由月柱干支「順排」。

b. 年干屬陰的男（陰男）與年干屬陽的女（陽女），其大運干支由月柱干支「逆排」。

八字行運實際操作

在實際操作時的習慣：

1. 安排大運時，因為一般人的平均壽命大約為八十歲，一柱大運管十年行運，因此，一般皆從上運後往後排後七步或八步大運。

2. 行內俗語云「大運上下分五年」，是指天干管五年運程，地支管五年運程。如第一年大運為甲子，且四歲起大運，則「甲」為四至八歲之運程，「子」則為九至十三歲之運程，而第一組運四歲才交運，而一至三歲也可以第一步大運來配合，所以甲子運便是主一至十三歲了。

3. 至於八字算命的歲數，以足齡加一歲便可，因為母體懷胎超過大半年，這段期間做一歲論，所以剛出生的嬰兒已做一歲論，在未來的生日作兩歲論，足兩歲便是八字算命的三歲了。

4. 大運的「菁華區」是二十至五十歲，通常會以這段期間的大運為主要加強的時段。

排大運的步驟

排大運之步驟如下：

1. 確定命主八字

2. 依照命主別，確定年干之陰陽，以決定順排、逆排。

3. 將月干依照順排、逆排，依照六十甲子排出八步大運。

4. 依照順排、逆排以及出生月份，查萬年曆確定該月／下月「節氣」（中氣不取）的日期、時間。

5. 將該月「節氣」的日期、時間減去出生的日期、時間，得出的確定日數、時數。

6. 將得出的確定日數、時數，依照下列規則換算：三日折合一歲、一日折四月、一時爲十天。

7. 將大運歲填入排好的大運天干內。

陽男陰女順排大運

以民國65年4月11日（陰曆3月12日）酉時（以18:00計算）生之男 爲例：

1. 確定命主八字爲：丙辰、壬辰、癸巳、辛酉

2. 命主爲男，該年爲丙辰年，丙爲陽，決定順排。

3. 將月干依照順排，排出八步大運：癸巳、甲午、乙未、丙申、丁酉、戊戌、己亥、庚子。

4. 下月節氣「立夏」的日期、時間爲：5月5日17:14。（國曆）

5. 以5月5日17:14減去4月11日18:00大約是24日。

6. 以24日換算後，是8歲（虛歲9歲）起大運。

7. 將大運歲填入排好的大運天干內，即成爲：9癸巳、19甲午、29乙未、39丙申、49丁酉、59戊戌、69己亥、79庚子。

陰男陽女逆排大運

　　以民國54年3月28日（陰曆2月26日）未時（以14:00計算）生之「陰男」為例：

1. 確定命主八字為：乙巳、己卯、辛巳、乙未。

2. 命主為男，該年為乙巳年，乙為陰，決定逆排。

3. 將月干依照逆排，排出八步大運：戊寅、丁丑、丙子、乙亥、甲戌、癸酉、壬申、辛未。

4. 本月節氣「驚蟄」的日期、時間為：3月6日03:01。

5. 以3月28日14:00減去3月6日03:01大約是22日11時。

6. 以22日11時換算後，是7歲7月20日（虛歲8歲）起大運。

7. 將大運歲填入排好的大運天干內，即成為：8戊寅、18丁丑、28丙子、38乙亥、48甲戌、58癸酉、68壬申、78辛未。

時	日	月	年
偏財	日主	偏印	偏財
乙	辛	己	乙
未	巳	卯	巳

己	丁	乙	庚	戊	丙	乙	庚	戊	丙
偏印	七殺	偏財	劫財	正印	正官	偏財	劫財	正印	正官

78	68	58	48	38	28	18	8	大運
辛未	壬申	癸酉	甲戌	乙亥	丙子	丁丑	戊寅	

7-1　判斷身強、身弱

　　所謂的「身強」是指：「月令」同「日主」；或是「月令」生「日主」。利用「身強」喜遇洩剋煞、「身弱」喜遇印比的特點，可以排定用神。詳細判斷身強的方式，請參考「身強身弱判斷表」

　　「身弱」：除身強外其餘皆爲「身弱」。

身強身弱判斷表

日干	月　支											
	寅	卯	辰	巳	午	未	申	酉	戌	亥	子	丑
甲、乙	強	強	弱	弱	弱	弱	弱	弱	弱	強	強	弱
丙、丁	強	強	弱	強	強	弱	弱	弱	弱	弱	弱	弱
戊、己	弱	弱	強	強	強	強	弱	強	弱	弱	弱	強
庚、辛	弱	弱	強	弱	弱	強	強	強	強	弱	弱	強
壬、癸	弱	弱	弱	弱	弱	弱	強	強	弱	強	強	弱

　　取「用神」在八字中是非常重要的，依照先賢的說法「用神是命局的藥」。因爲人的八字就代表了一個人的身體，由各種組織、器官所構成，當器官運作不良時，身體就會產生不同症狀，因此必須要查明原因，然後採取相對應的治療方法，才可以消除、減輕症狀。

　　「用神」也是取姓名的關鍵。因爲姓名之所以對人有影響力，正是因爲用神能直接對命主的八字產生影響，這也是「姓名能改運」的理論能成立的重要關鍵。

　　八字代表的是人的先天五行之氣，這些五行的旺衰

狀況不一，力量大小不等，相互間存在著相互依存又相互剋制的作用關係，取用神的目的就是要維持五行力量的平衡關係。五行力量如果不平衡時，大部分會有兩種情形：一是某種五行過旺、二是某種五行過弱。

針對於第一種情形，會依照不同的體質，採用「剋」或「洩」的方法。所謂的「剋」是指用相剋的五行制衡的策略，例如火多用水剋；「洩」則是指另一種策略，用相生五行洩走過多的五行，例如木多，因爲木生火，所以用火洩。

針對於第二種情形，則會採用「生」的方法。所謂的「生」是指用相生的五行生助屛弱的五行，例如木弱，因爲水生木，所以用水生。

當然這裡說的只是通案，也會有特例，在我們後面的章節會有更詳細的解說討論分析。

此外，在取「用神」時要特別注意用神並非固定的，而是會隨環境的轉變而變化。就以人的身體爲例，看起來我們的身體是不變的，但是環境卻會隨著四季改變，所以身體自然也要隨著環境變化作改變。用神就像是衣服、或是食物，夏天燥熱，自然不能穿太厚的衣服，也不能吃太燥熱的食物，而是得穿輕薄涼爽的衣物，吃清淡的食物是一樣的道理，而不可拘泥一格；倘若拘泥於書籍、理論，硬是要在夏天燥熱時穿厚重的衣物、吃油膩的食物，就會引起身體的不適。

要想取一個準確的「用神」並非易事，必須要能夠

準確地掌握五行之間的力量、大小、對比關係，透過生剋制化、刑沖合害的作用，才能找出合適的用神，這裡是舉出常用取用神的方式。

日干之喜忌

利用日干之喜忌取用神時，可以預先知道所取用神所產生之影響。

7-2 日干喜忌表

天干	喜		忌	所忌天干產生之影響
甲	丙火 癸水		壬	風流、官司、訴訟、口舌
乙	丙火 癸水		甲木	會有宗教緣
丙	壬水	所喜透出天干產生之影響 爲命主之喜用神 代表貴人、助力	己土	投機、好高騖遠
丁	甲木		丙火	不知恩情、反覆無情
戊	甲木		辛金	命硬（剋人）
己	辛金		戊土	個性貪婪(什麼都想要)
庚	丁火		癸水	孤單、孤獨
辛	壬水		甲木	病破
壬	丙火		戊土	浪子
癸	庚金 辛金		己土	血光、殘障

7-3 當令

倘若當令的天干，顯現在年柱、月柱、時柱的天干（透出）一定不是用神。

以凶神排用神

倘若八字內顯現的凶神（七殺、傷官、劫財）超過兩個以上時，可以考慮利用其他十神制、化的方式，排出可以考慮的候選用神名單。

食神制七殺；七殺生偏印

正印制傷官；傷官生正財

正官奪劫財；劫財生傷官

以大運排用神

利用「天干吉凶數表」，可以利用大運排出可以考慮的候選用神名單。

以民國54年3月28日（陰曆2月26日）未時（以14:00計算）生之「陰男」為例：

7-4　天干吉凶數表

天干	吉數				兇數		
	正印	正官	偏財	食神	七殺	傷官	劫財
甲	0	8	5	3	7	4	2
乙	9	7	6	4	8	3	1
丙	2	0	7	5	9	6	4
丁	1	9	8	6	0	5	3
戊	4	2	9	7	1	8	6
己	3	1	0	8	2	7	5
庚	6	4	1	9	3	0	8
辛	5	3	2	0	4	9	7
壬	8	6	3	1	5	2	0
癸	7	5	4	2	6	1	9

```
偏        日      偏      偏
財        主      印      財
乙        辛      己      乙
未        巳      卯      巳
己丁乙    庚戊丙   乙     庚戊丙
偏七偏    劫正正   偏     劫正正
印殺財    財印官   財     財印官
```

大運							
78	68	58	48	38	28	18	8
辛	壬	癸	甲	乙	丙	丁	戊
未	申	酉	戌	亥	子	丑	寅

吉數

5	8	7	0	9	2	1	4
3	6	5	8	7	0	9	2
2	3	4	5	6	7	8	9
0	1	2	3	4	5	6	7

凶數

4	5	6	7	8	9	0	1
9	2	1	4	3	6	5	8
7	0	9	2	1	4	3	6

八、神煞各論

天德貴人、月德貴人

　　八字中有天德、月德貴人，主人心地善良，做事公道，化險爲吉，以日干見，力量最大。

　　起名宜採用吉祥字，如：祥、瑞、順，更是逢凶化吉，萬事如意。

　　凡命中帶兇煞，得此二德扶化，兇不爲甚。須要日上見，時上不犯剋衝刑破，方吉。

　　凡人得之，一生安逸，不犯刑，不逢盜，縱遇兇禍，自然消散。與三奇天乙貴同併，尤爲吉慶。或財官

印綬食神變德，各隨所變，更加一倍之福。入貴格，主登科甲，德君寵任，或承祖蔭，亦得顯達。入賤格，一身溫飽，福壽兩全，縱有蹇滯，亦能守分固窮，不失爲君子。女命得之，多爲貴人之妻，三命鈐云：「天德者，五行福德之辰，若人遇之，主登臺輔之位」，更有月子平賦曰：「印綬得同天德，官刑不犯，至老無殃，是天德勝月德也。」

　　天德貴人歌訣：「正丁二申中，三壬四辛同，五亥六甲上，七癸八艮同，九丙十歸乙，子巽丑庚中。」

天德貴人

月令	寅	卯	辰	巳	午	未	申	酉	戌	亥	子	丑
命局干支	丁	申	壬	辛	亥	甲	癸	寅	丙	乙	巳	庚

月德貴人

月令	寅	午	戌	亥	卯	未	申	子	辰	巳	酉	丑
命局干支	丙			甲			壬			庚		

天乙貴人

年干、日干	甲	乙	丙	丁	戊	己	庚	辛	壬	癸
命局地支	丑未	子申	亥酉		丑未	子申	丑未	午寅	卯巳	卯巳

　　天乙貴人主聰明智慧，多得人扶助，能逢凶化吉。

　　天乙貴人歌訣：「甲戊庚牛羊，乙己鼠猴鄉，丙丁豬雞位，壬癸兔蛇藏，六辛逢馬虎，此是貴人方，命中如遇此，定作紫衣郎。」

由上表可得知此人命中所帶之貴人爲何生肖，而且在這幾個命局生肖年內，易得貴人相助。

文昌貴人

年干	甲	乙	丙	丁	戊	己	庚	辛	壬	癸
命局地支	巳	午	申	酉	申	酉	亥	子	寅	卯

文昌貴人主天資聰敏，亦主逢凶化吉，男有內涵，女有儀容。

起名宜取文雅、清奇，忌粗俗或過剛的字，如財、富、虎。

文昌貴人歌訣：「甲乙巳午報君知，丙戊申宮丁己雞，庚豬辛鼠壬逢虎，癸人見卯入雲梯。」

三奇

三奇，以日爲主，依序排列者是，次序亂者不是。主其人博學多能，心胸寬大，精神異於常人。主其人與眾不同，且在某行業有特殊發展。

起名宜取特殊的字配合。

三奇貴人歌訣：「天上三奇甲戊庚（最佳），地下三奇乙丙丁（次佳），人中三奇壬癸辛（三佳），命中若得三奇貴，狀元及第冠群英。」

魁罡

日柱爲戊辰、戊戌、庚辰、庚戌、壬辰、壬戌者爲

魁罡，命帶魁罡，主權威、領導力、智高、富攻擊、氣盛、宜男不宜女。

起名宜中庸、平和的字爲吉。

將星

寅午戌見午、申子辰見子、亥卯未見卯、巳酉丑見酉，以年支或日支查其餘各支，見者即爲「將星」。

起名宜抑揚頓挫、富有魄力之名。如：國泰。

歌云：「將星文武兩相宜、祿重權高足可知。」將星逢七殺或羊刃，可掌握他人生死大權，如：法官、檢察官……等。將星和財星同柱，可在金融界大放異彩。

華蓋

命中有華蓋，婚姻常錯過好姻緣，而成爲高齡單身男女。

起名可選用俱文藝氣息之字。

壺中子云：「華蓋爲藝術星」。

歌云：「華蓋星辰兄弟寡，天上孤高之宿也，生來若在時與胎，便是過房庶出者。」

林開云：「印墓同乞品格清，重重臨印即公卿，若還空破臨其位，便是悠閒藝術人。」

燭神經云：「華蓋爲庇蔭清神，主人曠達，神清性靈，恬淡寡欲，一生不利財物，惟與夾貴併，則爲福，清貴特達。」

華蓋

年支、日支	寅	午	戌	亥	卯	未	申	子	辰	巳	酉	丑
命局地支		戌				未			辰			丑

驛馬

日支、年支	寅	午	戌	亥	卯	未	申	子	辰	巳	酉	丑
命局地支		申				巳			寅			亥

　　由年支、日支見四柱其他地支，命中有驛馬，離家發展可得貴人助。驛馬主奔波流，會吉星則增其吉，遇喜神（用神）或四吉神財官印綬（食神），皆主速發；若遇兇星則兇。

　　起名可用「馬」或「辵」字旁的字，可助離鄉發展的命運。

　　「申子辰馬居寅，寅午戌馬居申，巳酉丑馬居亥，亥卯未馬居巳」。

祿神

　　八字中有祿神，一生財富無憂多得意。祿神位置也表示錢財來源，祿在年支：長輩；祿在月支：自己；祿在日支：配偶；祿在時支：子女、晚輩。

　　歌訣「甲祿在寅，乙祿在卯，丙戊祿在巳，丁己祿在午，庚祿在申，辛祿在酉，壬祿在亥，癸祿在子。」

祿神

日干	甲	乙	丙	丁	戊	己	庚	辛	壬	癸
祿神	寅	卯	巳	午	巳	午	申	酉	亥	子

陽刃、飛刃

陽者，陽剛也；刃者，刑也。陽刃者，極盛之處也。延期至剛至堅，臨於危險邊緣也。日元弱者喜刃，旺者忌刃。

經云：「煞刃兩停，位至王侯。」

又云：「身強遇刃，災禍勃然。」

歌訣：「甲刃在卯，乙刃在寅，丙午刃在午，丁己刃在巳，庚刃在酉，辛刃在申，壬刃在子，癸刃在亥。」

飛刃：正沖陽刃之地支爲飛刃。

陽刃、飛刃

日干	甲	乙	丙	丁	戊	己	庚	辛	壬	癸
陽刃	卯	寅	午	巳	午	巳	酉	申	子	亥
飛刃	酉	申	子	亥	子	亥	卯	寅	午	巳

劫煞、亡神、桃花

劫煞又名大煞，爲喜用則才智過人，爲仇忌則災害難免。

亡神又名官符，主刑妻剋子，官災是非，遇喜用主謀略深算。

桃花在年或月支見之，爲牆內桃花，主夫妻恩愛，但在時支見者，爲牆外桃花，主人人可採，不過若爲喜用，則主多異性追求，自己未必人盡可夫。

劫煞、亡神、桃花

日支	子	丑	寅	卯	辰	巳	午	未	申	酉	戌	亥
劫財	巳	寅	亥	申	巳	寅	亥	申	巳	寅	亥	申
亡神	亥	申	巳	寅	亥	申	巳	寅	亥	申	巳	寅
桃花	酉	午	卯	子	酉	午	卯	子	酉	午	卯	子

紅艷煞

日干對日支，逢「紅艷煞」，婚姻不順、桃花多。

歌訣：「多情多慾少人知，六丙逢寅辛見雞，癸臨申上丁見未，眉開眼笑樂嘻嘻，甲乙見午庚見戌，世間只是眾人妻，戊己怕辰壬怕子，祿馬相逢作路妓，任是世家官宦女，花前月下也偷情。」

紅艷煞

日干	甲	乙	丙	丁	戊	己	庚	辛	壬	癸
日支	午	午	寅	未	辰	辰	戌	酉	子	申

孤辰、寡宿、大耗

孤辰：表示孤單（男怕孤辰）

寡宿：表示配偶易先去世（女怕寡宿）

大耗：易賠錢

孤辰、寡宿、大耗

年支	子	丑	寅	卯	辰	巳	午	未	申	酉	戌	亥
孤辰	寅	寅	巳	巳	巳	申	申	申	亥	亥	亥	寅
寡宿	戌	戌	丑	丑	丑	辰	辰	辰	未	未	未	戌
大耗	未	申	酉	戌	亥	子	丑	寅	卯	辰	巳	午
	巳	午	未	申	酉	戌	亥	子	丑	寅	卯	辰

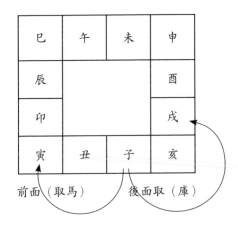

前面（取馬）　　後面取（庫）

＊年支的前面（取馬）爲孤辰，年支的後面（取庫）爲寡宿。

例：子（生肖）孤辰爲寅，寡宿爲戌。

陰錯陽差

陰錯陽差是戴孝結婚之意。

丙午、丁未、戊申、丙子、丁丑、戊寅、辛卯、壬辰、癸巳、辛酉、壬戌、癸亥。等十二組干支，以日柱最嚴重，月、時柱次之，年柱最輕微。

金神

在日柱、時柱見：己巳、癸酉、乙丑等三組干支算金神。

口訣：「金神入火鄉、財發如猛虎」

又曰：「金神入火鄉、富貴天下響。原局無火力、遇火運顯達」遇水則破敗。

八字論命程序

1. 日主（可看出外在個性）──（別人看他的感覺）
2. 月令（可看出內在的心性）──（眞正的自己）
3. 天干五合
4. 十神（年、月、時）含地支藏干的十神。
5. 地支刑、沖、會、合、害、庫、馬、花
6. 身強、身弱（有無走運）、流年影響（可判斷用神喜忌及大運或流年）
7. 來者所問何事（一般皆以去年、今年及明年的好壞運爲主軸）。
8. 破解之法（比方説可身帶奇門遁甲或穿何顏色衣服或貴人往何方找，或是何生肖對你較有助力，抑或是可用改名來輔助等等）！

何謂四柱？

四柱：年柱＋月柱＋日柱＋時柱的總稱
年柱＝依出生日的年份所排出來的天干＋地支
月柱＝依出生日的月份所排出來的天干＋地支
日柱＝依出生日的日期所排出來的天干＋地支
時柱＝依出生日的時辰所排出來的天干＋地支

四柱的意義				
49～64歲	33～48歲	17～32歲	1～16歲	
時	日	月	年	
果	花	苗	根	
老人時代	創業時代	求學時代	兒童時代	
事業 家庭 子孫 人際關係 部屬	本人特性 （外在）	兄弟 姐妹 朋友 同輩	祖先 父親 上司	天干
事業 家庭 子孫 人際關係 部屬	配偶 創業	從藏干看 本人內在心性	祖先 母親 上司	地支

十天干

甲木：為大木，棟樑之木，個性直且理性，穩重堅強，
有向上發展的特性與企圖心。

領導格，心地仁慈，喜歡照顧別人，不論好人壞
人都庇蔭，因為心腸軟，容易受人利用，不喜歡
被領導，喜歡當老闆，不服輸，外表冷靜、內心
不屈服，永不低頭。甲木的人很注重道德規範，
很負責任，但較缺乏應變能力。

喜歡明爭，不喜歡背地裡說壞話。

缺點：猜疑心重，善謀略。

爭了理，失了情，所以常常因為太直了，而得罪

人或是喪失了很多好的機會！

主肝膽，不可熬夜。

甲木的人喜歡當眾被讚美。

在職場上，希望有發揮的舞臺，否則就走人。

成功法則：看起來傲慢，懂得低頭，就能成功。

　　　　　不容易流淚。

屬木要求事業好，就要用要金來剋（官殺），使作事條理分明。

甲乙木的人代表企圖心，容易好怒，故易傷肝，故需戒怒取定，如果不能戒怒就容易遭難。

屬木身強要求智慧，要用火來求（食傷），故要多熱情一點。

個性主動，有上進心，老闆格，不彎腰（學會彎腰一定成功），好勝心強，天生的領導格，不喜爭辯，凡事說清楚，講明白，自尊心強，不喜歡麻煩別人。

特點：個性溫和、性情和緩。

＊通常中年之後才會有成就。

乙木

個性柔順，活潑、幽默、往橫向發展之野心、善交友、適應力強，表現力強，很適合行銷工作。

宰相格，通常男生才華很好，女生都很漂亮。

爬藤類，愈晚思緒越好，睡不著，身體方面注意肝、膽、骨、經絡較差。

很不喜歡被說教，乙木的人不喜歡出名。

好參謀，幕後老闆，外交，公關人才。

想法常常在變。

作事默默進行，有時本性直率，且無心機，善於等待忍耐，會來陰的，天生有個性，有自己的想法很怕被管。

適合思考，適合當導演。

溫和，懂得蓄勢待發。

凡事都會先彩排。

不喜歡臨時上戰場，容易疲倦，脖子酸，十指容易麻木。

軍師格，個性柔順溫和，夜行性動物（常常晚上不睡覺），公關高手，屬於幕後的老闆，策劃能力很好，把手指頭顧好自然會有錢，三教九流的朋友都有。

特點：個性溫和，人脈深廣！

丙火

大太陽之火，很活潑熱情，有愛心，有禮貌、個性急、很博愛、行動力強、說話很快，自尊心強。

喜歡美好、漂亮的東西，很幽默、愛表現、很樂觀、重感覺、且重視與人第一次見面的印象，有時會以

貌取人，標準的「外貌協會」。

喜歡關心、照顧別人，容易健忘。

個性不拘小節，注重大事、不記小事，很愛面子。

屬火的人凡事重感覺，不大明理，容易恨別人。

好學好色好客好名，很容易走到哪兒都會成為別人注目的焦點。

丙火的女孩子很會打扮，通常都是美女。

內心感情豐富，交友廣闊，知心無一人。

屬火的人喜歡臨時出招，但持續力、耐久力較差，爆發力很足，很適合打前鋒，衝鋒。

是朋友的忠實聽眾，喜歡管閒事。

但火氣大，來得快也去得快，不會藏在心裡，很直接想到什就說什麼，常得罪人。

要注意身體心臟、血壓、小腸、眼睛、肩膀、血液循環。

屬火的人要求事業（官殺），要善於應變。

屬火的人要求貴人，要求木，心裡要常存慈悲就有貴人。

屬火的人有熱忱，戒恨取靜，要忘掉恨，因為有恨就會傷心，就會苦。

要求人脈就要比劫為火，需熱情。

通常不會選擇朋友，搧動能力很強，熱力四射，到哪裡都突顯，好學、好名、好客，好色。

個性急躁，脾氣來得快，去得也快，慈悲心腸，個性健忘，採重點式記憶，經常掉東西。

丁火

蠟燭之火常常燃燒自己去照亮別人。但持久力比丙火強，很內斂，所以很難第一次推銷就接受，他會觀察很久，所以要拜託他，說我怕被騙，要他幫忙鑑定好不好、值不值得投資等等。

很有禮貌，尊敬長輩，疼愛晚輩，記憶力很好。

第六感強，可以洞察人心，守禮心細。

對外人很熱心，喜歡照顧人，很肯犧牲為人，但卻不太懂得照顧自己。但卻常忽略家人。

是悶燒鍋，外表沉著，內心急躁，善於嫉妒，他恨的人會記很久。

看別人的事情都很準確，但看自己時就不清楚了。

朋友雖多，但懂你的人不一定多。

記憶力最強，洞察能力很好，常遭受口舌是非，往往看不清自己，默默為人付出，但不一定會留下痕跡，常常會樹立敵人起衝突。

PS：丁火的人屬於慢熱型，通常發展較慢、特點是急性子，好面子。

戊己土

發怒容易傷脾胃，需戒怒取安。

屬土的人人脈要好，要不執著，如果一直執著，一生都會累。

求食傷（代表智慧），要用金來洩，凡事講義氣，分對錯，你的智慧與賺錢的力量自然提高。

戊土

高山之土，燥土，屬陽，個性敦厚信實重名譽。

固執，喜固定不喜變動，欠缺融通。

很實在，對人或自己都是重承諾，有耐心。

有同化力，外柔內剛，沉著有雅量。

慈悲心腸，逆來順受，默默付出型，

PS：經常為人情所苦。

常有懷才不遇，為人最恨人不守信用，但自己卻無所謂，就算有，也會替自己找理由。

作事穩重適合文書。

要求財，有多元心態，懂得變化，才能得財。

求官殺事業→要能不生氣，和氣生財，事業才會順暢。

生於春天的土較鬆→常助人

生於夏天的土較硬→較有利用價值

生於秋天的土焦土→會裂開

生於冬天的土爛泥巴→常會覺得自己的才華不被認可

　　固執，岩石個性沉穩，最愛演內心戲，常覺得沒有伯樂欣賞他。常在人群中被遺忘忽略，內斂常有心事，外柔內剛，當忍受到一定程度會爆發土石流。

　　屬土的人很容易會去接近宗教、政治或命理（一旦相信就很信，要不然就是完全不信）。

特點：沉穩厚重是他的招牌。

己土

　　很會黏人，固執中的固執，很有主見，像花瓶一樣，除非打破它，否則觀念很難改變。

　　個性叛逆不穩定，但很講義氣。

　　重義氣，外表好溝通，但內心會猜忌。

　　包容性強，講信用，可塑性強（還沒定型之前，想變成什麼，就可以成為什麼）。

　　什麼朋友都來往，三教九流的都有，很容易與人打成一片。

己土帶著寅木→最佳組合，一攻一守。

　　很有才華，才藝，且做事新奇多變化、辯論力超強，身先士卒。

常懷才不遇，會覺得自己不受重視，但會比較認命

田園之土，可塑性強（如果願意被塑造將會很成功）交涉能力強，個性最固執要學習相信別人。常為人情所苦，要當頭且以自己為中心。

缺點：容易喜新厭舊。

特點：能者多勞。

庚辛金

收斂心（傷筋骨），和辛金的人交往，只要讓他覺得很有氣質，不動粗、印象很好，他就會對你很信任。

庚金

為大金，刀劍五金，屬陽，性剛重義，好勝易衝動。

不畏強勢，言行直來直往凡事黑白分明，只講對與錯，對事不對人。

不畏困難、勇敢果決，做事有魄力。

講話太直接，易傷人，有火山個性，較缺融通，很直的個性，很容易得罪人。

眼光犀利，氣勢逼人，不拘小節，好權勢，好鬥爭，尤其生在申酉戌月（秋盛）。

女人通常目美音佳，氣質好，帶有貴氣，看起來就像有錢人，性格內斂，無心機，很愛作事，通常白手起

家。對事情的批評單刀直入，故常常得罪人。

屬金的人要求官殺（事業），就要熱情對人。

筋骨、支氣管、大腸、肺、呼吸器官、鼻子要注意。

很講義氣，乾脆，不說則已，一鳴驚人，有正義感，說話很直接，自我表現慾強，常常拔刀相助，內斂，愛面子，理解能力好，數學好，不拘小節。

金為白色，所以臉通常很白。

特點：黑白分明。

缺點：肅殺之氣太重。

辛金

首飾，像鍋子、柔和秀氣、才華很好，以柔克剛、化氣斂於無形，是團體當中的潤滑劑，人緣甚佳。

耐心佳，追求理想，講義氣，較會拘小節。

眼光銳利，神經質，白手起家，一生容易為錢煩。

較會逃避現實，有豐富的感情。

外表有氣質，有貴氣，對事會很注重小細節，常會冷嘲熱諷，暗喻。

筋骨、支氣管、牙齒、肺、呼吸器官需注意。

辛金的人很重面子，很怕人覺得我是在賺你的錢。

和他不能直接談錢，他會很不屑你。

氣質佳，愛名牌，喜歡參加社團，天生有貴氣，個

性敏銳，拘小節，好面子虛心強，重外表，神經質，常晚上不容易入睡。

　　特點：柔軟度夠。

　　缺點：意志不堅，常半途而廢。

壬癸水：多元心，容易好煩，易傷腎。

　　　　需戒煩取定，否則一生容易受氣。

　　　　屬水的人要求財，一定要熱情，臉上一定要有笑容。

　　　　屬水的人講信用，事業就一定能作的好。

壬水

　　大海水，海洋之水，樂觀外向。

　　才智高，交際廣、人緣佳，反應快、善算計、會見風轉舵。

　　外表平靜、內心波濤洶湧，好辯，擅長把握良機。

　　企圖心超強，水主智慧，多疑包容、多元心、肚量大、能文能武。

　　適應力強、擅商業經營。

　　容易自大。

　　注意腎臟膀胱泌尿系統問題。

　　交友廣闊，老闆格，可以用演戲告訴你，聰明任性

　　破壞力強，暴發力，行動力強，熱情參與，外向，好動，文武雙全，受群眾擁戴，不喜歡受拘束感情是死穴。

特點：聰明任性。

缺點：較無定性。

癸水

流動之水，聰明，外表平靜，內心不安。

眼光遠，深藏不露，情感豐富，會冷靜。

心思細密，有神經質，愛鑽牛角尖，愛幻想，浪漫，通常會覺得自己很聰明，建議多聽聽別人的想法。

保守人緣佳。

屬水的人適合商業經營，心機深沉，比較會算計，但有時常會不切實際，聰明反被聰明誤，自視甚高，很難遇到讓他佩服的人。

要求貴人，是非、對錯就要分明。

求食傷智慧，就要有一個確定的目標與企圖心。

天干五合

甲己合：中正之合，爲人正派，重信講義，安份守己。

乙庚合：仁義之合，講義氣，剛柔兼具，堅守義理。

丙辛合：威制之合，智力優秀，儀表威嚴。

丁壬合：仁壽之合，心善仁慈，命長多壽，有異性緣，
　　　　對愛情比較浪漫。

戊癸合：多禮之合，循規蹈矩，禮節週到，喜歡成熟的
　　　　異性。

	特性	最欠缺	最需要
甲乙木	有企圖心，有目標	多元性、包容心	壬癸水
丙丁火	有熱忱	企圖心	甲乙木
戊己土	有自信心	熱忱	丙丁火
庚辛金	收斂心	自信心	戊己土
壬癸水	有多元性	收斂心	庚辛金

干支相連

天干三字連

三甲天上貴。

三壬富不長。

三戊離祖別家鄉。

三己父母別，兄弟各一方。

三丁多惡疾，手足也有傷。

三庚是才郎，萬里置田莊。

三丙入火鄉，母親產中亡。

三庚剋一甲，三壬剋一丙，三癸剋一丁等，剋哪位十神，哪位十神有災，剋父母，父母有災，剋兄弟，兄弟有災，剋命主，命主本身有災。

還有「兩丙兩庚兩村鄉，兩壬兩辛兩爹娘」之說。

地支相連

三子婚事重。

三丑四妻房。

三寅獨孤守。

三卯兇惡多。

三午妻有傷。

三未定空亡，

三酉守空房。

三亥孤伶仃。

地支藏干

表示地支隱含了天干的力量。

		四驛馬		四桃花		四墓庫
水局	亥	藏壬水、甲木	子	藏癸水	丑	藏己土、癸水、辛金
木局	寅	藏甲木、丙火、戊土	卯	藏乙木	辰	藏戊土、乙木、癸水
火局	巳	藏丙火、戊土、庚金	午	藏丁火、己土	未	藏己土、丁火、乙木
金局	申	藏庚金、壬水、戊土	酉	藏辛金	戌	藏戊土、辛金、丁火

子鬼水——子藏癸

醜鬼心機——丑藏癸、辛、己

銀甲餅五——寅藏甲、丙、戊

貓一目——卯藏乙

成五一鬼——辰藏戊、乙、癸

四根冰霧——巳藏庚、丙、戊

五雞丁——午藏己、丁

胃一雞丁——未藏乙、己、丁

深內五羹人——申藏午、庚、壬

有藏心——酉藏辛

虛心五釘——戌藏辛、午、丁

海上人家——亥藏壬、甲

八字中，地支數目的影響		
	1個	2個以上
子	桃花有人緣	桃花旺，但多疑
丑	非常固執	不喜歡變動
寅	喜歡當老大	愛作能幹，勞碌命
卯	桃花有人緣	第六感強，桃花有人緣，娃娃臉，有潔癖
辰	個性神秘、福報多	自刑，容易自尋煩惱，得不到別人的認同
巳	好動，口才佳	在家待不住，臨機應變，不喜被拘束
午	帥哥美女，自刑加自戀，容易有憂鬱症，脾氣不好	
未	好出風頭	喜歡追根究底
申	好動、愛自由	聰明，易得罪人，適合業務型的工作
酉	人緣佳	自刑，白天熱鬧，晚上憂鬱
戌	個性善良	忠實
亥	自刑最嚴重，自尋煩惱，憂鬱症最嚴重	

由命盤地支看個人特質與運勢

地支之涵義：庫、馬、花

　　本命盤地支有（驛馬）時「寅申巳亥」如果有一個或二、三、四就會如下所述

四馬：寅申巳亥代表「驛馬星」

1. 無馬：很懶，不想動沒有衝勁、不適合當業務，適合坐辦公室或當家庭主婦。

2. 一馬：適合當業務，愛跑，但跑不遠，靈機應變，不受拘束。

3. 二馬：喜橫衝直撞。旅遊到處跑、搬遷、變動、有行動力、執行力強，閒不住，不喜歡受拘束，業務高手，小心車關。

4. 三馬：勞碌奔波。八字若是沒有合住驛馬，只會亂衝、不懂收成、為錢忙來忙去，多車關，居無定所四處跑。

5. 四馬：家裡呆不住一天到晚往外跑，一出去不知回家。設定目標馬不停蹄、藝高人膽大，是個十足的野馬、小心血光車禍、居無定所四處跑。

6. 寅、申衝：在家待不住，愛開快車，喜歡走大馬路，注意車關，易生車禍，手腳較會有問題。多情愛管閒事。

7. 巳、亥衝：辯才無礙，很會辯、口才很好，追根究底，較會鑽小巷。注意車關。

四花：子、午、卯、酉

代表桃花異性緣人際關係

1. 無花：很嚴肅，不喜歡笑，長相普通、異性緣差，人際關係不良。

2. 一花：有人緣、人緣佳、早熟、貌美、異性緣尚可。

3. 二花：很有人緣、人際關係好、漂亮美麗、異性緣很好。

4. 三花：異性緣重、適公關業務行業、異性緣特別好、男女都美、早熟、風流、口才應對佳。

5. 四花：超特有人緣，但注意不要濫情。或超沒人緣、因過度自戀，孤芳自賞。爛桃花，異性緣特別好，處處留情，為求圓融不而惜說謊，早熟不太愛理人，容易有雙重個性。

6. 子、午衝：人緣通常很好，異性緣佳，脾氣不好，情緒不穩定，個性極端，容易腦神經衰弱。

7. 卯、酉衝：第六感強，做事乾脆俐落、愛乾淨、眼睛銳利、人緣好，異性緣佳，較龜毛，有潔癖，做事有計劃。容易卡陰，不近陰喪事

物，不進陰廟。碰上古物及較陰之物，背脊總
感覺陰涼。

年支花：有長輩緣或有上司人緣、小時候長得很可
愛漂亮。

月支花：自己漂亮或有人緣、媽媽通常也漂亮。

日支花：配偶漂亮或有人緣。很喜歡有戀愛的感
覺、喜歡帥哥或美女。

時支花：對事業有好的異性緣，子女漂亮有人緣、
越老越花俏、徐娘半老風韻猶存。

月支、日支：喜歡做愛、喜歡戀愛、性慾高。

八字命盤有（庫）辰、戌、丑、未

四庫：辰戌丑未代表財庫、聚寶盆

1. 無庫：錢財守不住，散財童子，很節儉、財來
財去、身邊最好不要放錢、最好投資房地產。

2. 一庫：很節儉、對別人慷慨、對自己卻很節
儉。

3. 二庫：很能調度金錢，善理財，若是相衝、則
開銷大，難聚財、八字有合住就不會漏財。

4. 三庫：很會賺錢，財容易分散、出手大方，四處
投資。借錢不用還，借錢給別人不敢要回來。

5. 四庫：身強，有運時賺大錢（皇帝命格）。身

弱，無運時散盡天下財（乞丐命格）。很極端
不是皇帝就是乞丐，賺盡天下財，散盡天下
財。

子月（鼠月代表屬水）代表農曆十一月生

敏感度很高、善於保護自己，個性極端反覆不定，
捉摸不定。太會盤算、常因小利而忽略大格局，易聰明
反被聰明誤。和子月生的人相處要幫他下決定。機警狡
滑、聰明絕頂、但是膽子小。桃花通常很好！機靈精
算、善變、有始無終。常常猶豫不決，所以常常喪失很
多機會，常常輸在起跑點！

不超過凌晨出生的鼠可保衣食無憂，福報多。超過
凌晨出生的鼠容易陷入困頓，比較勞碌。

特性一、對事情的決定常猶豫不決，翻來覆去決定後又
　　　　後悔。
　　二、非常聰明、反應很快，事情做了後悔，不做也
　　　　後悔。
　　三、訓練自己事情決定了就不要後悔，會比較好
　　　　過，膽小警覺性高。
　　四、生性多猜疑，所以事業難以定根。
　　　　注意膽、泌尿系統方面的疾病

丑月牛代表農曆十二月生

　　忠貞、保守、專一。本性善良，耐力十足，喜歡安定，很會聽話照做。任勞任怨，勤勞且腳踏實地，脾氣很大，堅持，固執。忍辱負重，隱藏實力，很多事情都埋在心裡。對風水命理特別敏感、也容易學會。喜追究底、打破砂鍋問到底。還問砂鍋在哪裡？越挫越勇、必經挫折才能成長。

　　和丑月生的人相處，要多聽他講話。

特性一、打破砂鍋問到底！追根究底、主觀識重，做事
　　　　認眞、務實。

　　二、容易重提往事（好、壞）都會提。很會查行
　　　　蹤，翻舊帳。

　　三、個性比較愛念！脾氣大，愛鑽牛角尖，任勞任
　　　　怨。

　　四、學習速度慢，且廣，非學到很懂不易輕易被帶
　　　　動。

　　五、自我意識過強，一切以自我爲中心，而做出不
　　　　自量力之事。

　　注意可能會有肝、腳疾病。

寅月虎代表農曆正月生

愛做事、勤勞能幹，為衝動派，好動愛自由，勞碌命，坐不住，不服輸，喜當老闆當老大。野心大，愛作大事業，樂觀積極又仁慈，刀子口豆腐心，自我期許高，屬完美主義者。既能幹又肯做事，不怕勞苦，沈著內斂不會推卸責任，單打強鬥本事高。愛漂亮，通常也都長的不錯。不安於室，掌控能力強，為幕僚高手。若受壓力，會有「虎落平陽被犬欺」的感慨，甚至會傷到自己。缺點是爆發力強，但往往後繼無力，老虎的天性，吃飽就想睡覺。且生性驕傲，明顯固執，不太能接受人家批評。寅月的人適合做業務、天生的勞碌命。

特性一、勞碌命閒不住，太閒時會難過，喜歡當老大，
　　　　脾氣不好，不喜歡囉嗦。
　　二、心軟，仁慈，別人只要開口就會答應。
　　三、愛吃美食，愛吃肉，有責任感與領導格，定下
　　　　目標一定達成。
　　四、胃口大，喜做大事業。
　　五、最恨被騙，一被騙恐會發狂。
　　六、行動快，不好問，故常有溝通不夠，難成事之
　　　　嘆。
　注意可能會有肺、腿方面的疾病。

卯月兔代表農曆二月生

智慧高，完美主義者，有衝勁，狡猾善變、保護色強、閒不住，防衛性強。有人緣，有桃花，喜歡浪漫、娃娃臉、不容易變老，文靜，喜愛乾淨，有潔癖，心地善良。只能接受成功，不能坦然面對現實，容易有始無終。第六感很強，直覺性敏銳。屬兔的男性善於裝蒜善應變（對），即使犯錯也不輕易認錯，最適「狡兔三窟」。辦公室戀曲稀鬆平常，常會吃窩邊草。喜歡羅曼蒂克、異性緣佳，容易獲得職場異性的幫助。兔女郎本性善良，為保護自己，偶而也會偽裝。

特性一、眼光銳利，對看不順眼或不喜歡的人不理睬，眼光高。

二、對於他在乎的事情都有潔癖，喜乾淨，家裡的東西喜移動。

三、做事喜歡一口氣做完，工作時不喜歡別人打擾而會中途停頓。

四、心軟、龜毛、人緣好，較會保護自己，較嬌氣會計較。

五、氣質好，品味高，喜歡做高尚的工作或優良公司的事業，能不計較金錢多寡。

注意可能會有大腸、脅（身體驅幹兩側，自腋下至肋骨盡處）方面的疾病。

辰月龍代表農曆三月生

喜當老大，非常自負，好高騖遠，個性捉摸不定，喜奉巴結，勢力，亦有桃花緣。很有原則、固執、思想變化快，點子多，聰明。多半好面子，喜歡被尊重，喜歡人家「說好聽的話」，眼光高，看高不看低，天生孤傲，個性千變萬化，喜歡聽好聽的話，不喜歡被人管。常給人神龍見首不見尾的神秘感。屬龍女性比男性更善變，內心世界不容易被察覺。福報不錯，常化險為夷。多才多藝，學什麼像什麼，容易有成就，通常有「精神潔癖」的傾向。是事業上好夥伴及熱心助人的好友。屬龍的人通常不太相信命理，不是很信，就是完全不信。

特性一、不喜歡受人管束，喜歡老大，愛面子喜歡出錢請客，付帳跑第一。

二、神龍見首不見尾，稍不注意即不見人影，想離開時較不會辭行即不見蹤影。做事有頭無尾，愛自由，有藝術天分。

三、主觀意識重，較鐵齒，有第六感，鬼點子多，說話講重點。

四、光說未必會去執行。

注意可能會有胃、右左二膊，身體上肢，靠近肩膀的部分方面的疾病。

巳月蛇代表農曆四月生

喜歡聊天好辯不服輸，敏捷好辯又好訴訟。很會鑽研分析力強，外表冷漠內心如火，對喜歡的人說話較多屬於悶騷型。個性冰冷城府很深，心思細密聰明。

好辯猜疑心重、冷靜沉著有遠見有眼光，數字概念清楚，善於理財，為生意上好角色。在感情上一旦看上別人，就會死纏爛打！適合做業務推動。屬蛇女性有一種神秘力量。心思細密，看來聰明，主觀太強，很難約束。包容力大，若觸怒之反撲力量很強。善於自處，且能力相當強。

特性一、很沉著，口才非常好，愛聊天、愛說話且說話快，所以容易禍從口出。但平時很靜，公關好，性子急。可以靠口才吃飯，分析能力好，受到挑戰會反擊。是個生意上的狠腳色！

二、對熟悉談的來的人很熱情，可促膝長談，對不對味的人一句話都嫌多。遇到挫折就會放棄，沒有持續力。

三、沒有舞台時很靜，有舞台會發揮的很好話會講的不停，欲罷不能。

四、業務人才，愛抬槓。

五、好勝心強。

六、講話做事不直接，喜拐彎抹角。

注意可能會有脾、肩膀方面的疾病。

午月馬為代表農曆五月生

憨直、性直、外型好、桃花重、臉較長，通常不是帥哥就是美女！膽大好勝心強，禁不起刺激，受刺激必有回應，口服心不服。急躁，容易被設計，奔波，勞碌、憨直、性直、心腸軟、耳根子軟。脾氣很拗，敢衝敢拼，喜歡接受挑戰與競爭。對朋友熱情，喜拍馬屁，很樂觀，喜交際，有人緣，性情不定，好惡分明，喜怒哀樂形於色，易招惹是非。自信、自戀性格奔放，喜自由，不喜被約束。急躁且欲速則不達，若能修正心性調整處世，越老越有成就。屬馬男性異性緣好，適合從事與女性有關行業，在同業中容易被排擠。屬馬女性多半帶有男性性格，膽子大，多勞操，閒不下來，老年時易變成嘮叨老人。

特性一、好勝心強，不認輸，吃軟不吃硬、賭性堅強，
　　　　比較極端，愛聽好話，自戀愛美。

　　二、喜歡受誇讚「拍馬屁」好好講什麼都好，喜歡
　　　　聽好聽的話。

　　三、受到刺激時脾氣一發，不可收拾，易受煽動，
　　　　容易頭痛。

四、午是桃花，女孩子大部份都長的漂亮也愛美，人緣佳。

五、好勝心自尊心強，自卑心感重，不善於被批評。

六、第六感好，喜將事情提前做好，逢臨時事時易亂方寸，手腳。

注意心臟、頭方面的疾病。

未月屬火代表農曆六月生

執著、耿直、外表斯文內心常常悶悶不樂。為人親切，富人情味，一絲不苟，行事謹慎，孝順但不知如何表達，孝心不笑口。個性膽小，注重外表，喜鑽牛角尖，打破砂鍋問到底，愛生氣愛出風頭、不太會表達內心的想法，但他都是用行動來表達。內心喜歡當領導人物，但須依附他人方能成功。對感情專注忠貞，被未月出生的人愛到很幸福，他會為你做好很多事情。未月的人早上怕水、中午怕太陽、晚上怕鬼！男性屬羊，多半聰明，喜歡表現自己，好出頭風頭特立獨行，但是較無自信。對不熟悉的人很害羞、不敢打招呼。對感情非常專一、很不喜歡別人批評他的家人和偶像。

特性一、打破砂鍋問到底，追根究底、個性執著，主觀意識重。

二、很孝順，不喜歡別人或配偶批評父母親，重感
　　情，沒有安全感。

三、很會查行蹤，翻舊帳，膽小，有領導能力但表
　　現不出來。

四、遇到事情主觀意識重，喜別人認同自己想法，
　　卻不明說己願。

五、當他人意思無法如同所想，則不斷以問題扭轉
　　對方觀念，促成其共識己意。

注意可能會有「小腸、肩膀」方面的疾病。

申月猴屬金代表農曆七月生

聰明好動有衝勁，學習能力強、模仿力強、重義
氣，重朋友、說到做到、異性緣也很好。坐不住，沒一
時閒著。善模仿學習能力強，機靈過人、但只有三分鐘
熱度，沒耐心。猴急，狡猾善變，喜走捷徑，通常容易
學而不精。觀察力敏銳，心思細膩，富機智，能力強，
但缺穩重，喜歡招搖帶點風騷，異性緣好，很適合業務
公關型的工作。希望自己是群體中最受注目的焦點。講
話直接，需學習說話的藝術。屬猴女性頗有女人味。和
申月生的人講話要講重點就好，不要拖泥帶水，他討厭
廢話連篇她會受不了！

特性一、急性子。沒耐心等待，想到就做，較沒心機。

二、講話銳利，嘴快二三句話就解決，易傷人自己
　　卻不知道，喜歡講重點。

三、學習能力強，靜不下來，重朋友，模仿能力強。

四、注意小細節，做事卻乾淨（脆）俐落。

　　注意可能會有膀胱、左右二膊身體上肢，靠近肩膀
的部分方面的疾病。

酉月雞代表農曆八月生

　　講義氣重朋友大小通吃好管閒事，沒有衝勁，較悲
觀。雞婆個性，不喜冷場、喜自由、急躁，雙重個性。
熱心過度，喜服務人群，積極主動，藏不住話、是個名
符其實的廣播電台。常常幫倒忙、經常對號入座。很有
審美觀、自信心、自尊心、虛榮心都很強，而且喜歡被
讚美。重感覺、第六感強、念力也很強，所以要常常往
好的地方去想才好。不管男女桃花都很重屬雞男性給人
一種愛拈花惹草的感覺，異性緣特別好。屬雞女性多半
帶點「雞婆」個性，喜歡替人出主意，喜歡湊熱鬧，人
緣很好，也很重視感覺。酉月生的人要學習如何察言觀
色！

特性一、雞婆性格，過度熱心，只要有人拜託可以自己
　　　　的工作丟在一旁跑去幫忙別人。忙完了別人也
　　　　不會說聲謝謝，自己很鬱卒。有時說話傷人而
　　　　不自知。

二、不會拒絕別人的拜託。有愛心做事投入，講話
　　欠思考。

三、神經質，話放不住，在乎別人的看法，八卦消
　　息傳的快。

四、喜幫的事幫到底。

五、喝酒有時會喝到滿意，常常喝到醉而不知。不
　　然就滴酒不沾。

注意可能會有腎、脅方面的的疾病。

戌月狗代表農曆九月生

　　個性善良，喜歡照顧別人、對人很忠誠、屬於守財、守屑、守家庭！想當老大，易突發奇想，率性而為，而有驚人之舉，不為環境而改變，從一而終，認定人與事，講信用，善良，固執，重感情，是個好朋友及好部屬，好惡分明，不喜歡騙人、但是自己常常被騙！十分謹慎、戒心很強，不隨便相信人。是個命理高手，對研究玄學很投入。人間福報好，無形福報多，常遇貴人逢凶化吉。對感情方面不太會表達、有時脾氣很倔。賺錢不難，不容易缺錢，理財差、欠缺金錢觀，常花錢花透支、難有鉅額財富，想法樂觀積極不太會隱藏自己個性及秘密，特別喜歡照顧別人。有時會有狗改不了吃屎的習慣。死心眼，易單戀，或被戀愛衝昏頭。重視條理，邏輯、但有時想法天真而可愛。戌月生的女人，只

75

要認定那個男人，她就會以身相許！

特性一、對於有恩的人，會加倍償還恩情，十分忠心。

二、自尊心非常強，連自己的偶像都不可被批評。

三、較不信天命，鐵齒、鬼點子多，不好溝通，臭屁，顧家。

四、較古板不易變通，老走舊的模式難改變，自我內在意識過強。

五、忠心，但也善於背後扯後腿。

注意可能會有心包、腿方面的疾病。

亥月豬代表農曆十月生

通常是老闆，很有智慧，非常注意原則，不易溝通，常把事情放心裡、癡情想不開。外表剛毅，內心脆弱，保護色彩非常的強。性格矛盾，不易瞭解。善利用別人，借力使力，為生意高手，是個大智若愚。很明理，但常追根究底，有時會很不講道理，口才好，好辯，眼光獨特，極有開創力。四柱很多亥的人容易有自殺傾向。很注重口腹之慾，重享受卻不挑食。會扮豬吃老虎。常常報喜不報憂，外表樂觀內心鬱卒、情感豐富。常常覺得別人都不瞭解他、很怕人家煩他，只要一煩他，他什麼都會答應。

特性一、自刑最嚴重「特別是沒有食傷」，尤其小孩須特別注意，（不可言語刺激，否則易走極端）。愛鑽牛角尖，完美主義。

二、個性很靜，乙亥、丁亥都希望自己的配偶（結婚對象）也很靜。

三、沒有舞台時很靜，有舞台會發揮的很好話會講的不停，欲罷不能。

四、不是很挑食，就是什麼都吃，明理有智慧。

五、一個亥明理，兩個亥歇斯底里、三個亥災難多、四個亥小心自殺輕生。

六、嘮叨、囉嗦、叮嚀不停。

注意可能會有三焦、腳方面的疾病。

四刑

無禮之刑：子刑卯、卯刑子。

性情暴戾，上下不睦，同僚相妒，說話不客氣，沒大沒小，重外表，眼光過高，有優越感，容易看高不看低、挑朋友都要有氣質的，若又逢12長生的死絕，敗不孝不悌損六親。

屬火的人五行的調氣最快。

屬土的人五行的調氣最慢。

屬水的人五行的調氣常常不知不覺。

屬金、木的人五行的調氣最普通。

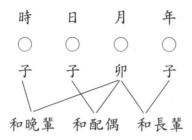

時　　日　　月　　年
○　　○　　○　　○
子　　子　　卯　　子

和晚輩　　和配偶　　和長輩

子卯→和晚輩
卯子→和配偶
卯子→和長輩

無恩之刑：寅刑巳、巳刑申、申刑寅（主人精神，意氣
　　　　　風發，粗眉面闊，心直攻人）。

　　自己給自己壓力，自己的付出很多，但是吃力不討
好，別人不但不感激你也沒有回報，要抱持著義工的心
態（台灣諺語：作到流汗別人嫌到流涎），常有惡事發
生或遭人陷害或冷酷薄情的對待，女人有此刑要小心流
產。

恃勢之刑：丑刑戌、戌刑未、未刑丑。

　　仗勢欺人，自以為聰明，強辭奪理，會因為過於自
信卻頻遭挫敗，而事與願違，會用錢來換取經驗，女人
有此刑老來孤獨。

恃勢之型凡刑入命者：主人持重少語，寡慾無情。

　　容易失義忘恩，言行乖越，貪吝無厭，女人損胎。

不利骨肉。

自　刑：辰刑辰（最輕）、午刑午（次輕）、酉刑酉
（次嚴重）、亥刑亥（最嚴重）。外表看起來
樂觀，但心中有話不知向誰訴說，日積月累所
以內心鬱悶，行事有始無終，固執己見，明知
不可爲而爲之，明知打腳會痛還是會拿石頭打
自己的腳，常將自己陷於困境，在月柱（代表
自己的內心）最嚴重。

辰刑辰：天生就憂鬱，重視別人對自己的感覺，對自己
的要求高，心裡有話不會抒發，自覺沒人瞭
解、有懷才不遇的感覺。

午刑午：脾氣比較大，脾氣一發就不會氣了。

酉刑酉：酒量好，一喝酒就藏不住秘密、熱心過度、卻
得不到別人的認同而認爲是幫倒忙，所以覺得
鬱卒。很喜歡熱鬧，但曲終人散後就會更覺得
憂鬱。很講義氣，卻很恨別人過河拆橋不講義
氣。

亥刑亥：常常把歡樂帶給大家，而把悲傷留給自己，天
生的主管老闆格，很有企圖心、聰明、有智
慧，最放不開也最容易有憂鬱症而有自殺傾
向。

地支六沖

　　互動積極，開創性強，有活力、有幹勁、有行動力，但容易有衝突、分歧、口角、意見不合，甚至反目成仇。

有驛馬：易有車關。

無驛馬：較慵懶，不愛動。

子午沖：個性極端，情緒起伏不定，異性緣佳，長相漂亮。

卯酉沖：第六感強，作事乾脆俐落，愛乾淨，靠人脈賺錢、人緣佳（桃花衝），容易卡陰。

辰戌沖：靠口才工作，自圓其說，好鬥、好辯，脾氣不好，感情一輩子辛苦，因庫沖所以開銷大，花錢看得到但錢財留不住，如律師。

丑未沖：愛鑽牛角尖，主觀意識強，喜歡追根究底，容易和人吵架，花錢看不到八字中辰→戌、丑→未相沖的人，感情一輩子辛苦。

寅申沖：好動，閒不住，勞碌命，與六親緣薄，白手起家、注意車關。

巳亥沖：喜歡捷徑，口才一流，辯才無礙，師格，要小心禍從口出。

寅巳害：易犯車關，要小心交通事故，小人是非多、辯才無礙。

申亥害：驛馬害，恃勢之害，小人是非多，作到死也得不到別人的感激，作白工，無恩惠。

流年乙酉

年 ○ 卯 會不想待在家裡，和長輩意見相左。
月 ○ 卯 自己會變得很積極會去做平時不會做的事。
日 ○ 卯 有配偶：會與配偶有爭執，不要因為爭執就簽字離婚。 沒有配偶：桃花會衝出來，有新戀情或結婚的機會。
時 ○ 卯 對事業會很有衝勁，也有換工作的機會，會與部屬、子女意見不合。

流年丙戌

年 ○ 辰 今年和長上會有錢財方面的衝突。
月 ○ 辰 自己變得很想賺錢。
日 ○ 辰 有配偶：會與配偶有錢財上的衝突。
時 ○ 辰 對事業會很有衝勁會想投資事業，故易花錢，也有換工作的機會，會與部屬、子女意見不合。

地支六合

合是同心協力的意思,懂守成,有計畫,做事謹慎,好溝通,但「合」越多,個性越保守,想得太多,行動卻太少。

子丑合土,消極守成,但容易溝通,因「子」太聰明,但行動太弱,牛(丑)卻只會去做,故子丑,相合是最佳組合。

亥寅合木,憂柔寡斷,固守三綱五常五倫八德

戌卯合火,保守,守成,貼心,注重外在表面。

酉辰合金,悶騷,傳統、重義氣。

申巳合水,守成,結果,好溝通,但也是無恩之刑。

午未合為太陽太陰,想得多,做得少,多情之合,靠感覺作事情,要小心脾氣太暴躁。

流年合:

地支的本命,代表配偶被帶走或被合走,或是自己容易走桃花運。

流年乙酉
年 ○ 辰 爲母親煩惱。
月 ○ 辰 財庫被合走，大筆錢財支出，自己的心情鬱悶，進退兩難。
日 ○ 辰 爲配偶困擾，也可能會分離，或自己易有桃花運，異性緣強。
時 ○ 辰 爲事業困擾，會爲了換不換工作一整年都很煩，會有另一個事業的機會。已婚者會爲子女煩惱，可能會有子女。

地支三會

「會」是指志同道合力量大。

寅卯辰會東方木

巳午未會南方火

申酉戌會西方金

亥子丑會北方水

地支三合

「合」是指合作無間，合太多會得過且過，太懦弱、保守、不積極，守分守己。

合配偶：表示與另一半的溝通良好，在乎對方。

申子辰合水局-生在申,旺在子,庫在辰

巳酉丑合金局-生在巳,旺在酉,庫在丑

寅午戌合火局-生在寅,旺在午,庫在戌

亥卯未合木局-生在亥,旺在卯,庫在未

流年乙酉

印 庚 申 流年乙合到年柱庚 要注意母親的身體。
殺 己 丑 和流年半合(巳酉丑) 庫被合,錢財留不住
日 主 癸 丑 和流年半合(巳酉丑) 異性緣佳,有結婚跡象。 或與另一半有感情困擾。
食 乙 卯 酉衝卯 桃花沖,沖人緣。 事業會有變動,可能會換工作,對事業會有衝勁。 卯藏乙(食神) 要小心梟印奪食。 乙庚合(仁義之合) 很會忍耐,一步一腳印的耐性,很耐操。

天合、地合：

合年柱：要注意長上之身體。

合月柱：要注意自己及兄弟姐妹身體及錢財方面的問
　　　　題。

合日柱：要注意配偶方面的身體及財庫或是自己與配偶
　　　　之間婚姻的溝通。

合時柱：表示在工作上會有很大的轉變，且是以道德論
　　　　成敗。

地支六害

　　凡六害入命：主 妨害孤獨，骨肉參商，財帛淡
泊，女命尤忌！

　　害乃沖其合我（六合）者爲害。

　　害表示：情緒、心智上的分離、變動、變卦，表
示彼此思想有隔閡（明）、貌合神離（暗），不會爲成
功找方法，但會替失敗找藉口。四柱內出現「害」的次
數，表示一生中大挫敗的次數。

　　戌酉害（金雞遇犬淚雙流）：會互相戲弄對方、
互相爭執故意讓對方生氣，讓人哭笑不得、且易遭人陷
害、夫妻有此害、容易離婚。

　　亥申害（豬遇猿猴似箭投）：互相嗆聲，威脅對
方、是非災難多。

　　子未害（羊鼠相逢一旦休）：見面沒有話好說，且
會彼此要求對方，個性兩極化、小人不斷。

丑午害（自古白馬怕青牛）：牛頭不對馬嘴，答非所問、沒耐性、易發脾氣。

寅巳害（蛇遇猛虎如刀戳）：講話犀利，看到會鬥嘴，沒看到又會想著對方，愛作付出（只要常讚美他，他就會甘心付出）、容易犯小人是非，好動、在家閒不住。

卯辰害（玉兔見龍雲裡去）：思想南轅北轍，差距很大，易遭親朋好友或是兄弟姐妹陷害及扯後腿。

判斷身強、身弱的方式。

基本上是以季節來判斷。

月令 生同 日主為身強，其餘的為身弱。

例：

日主 甲木

→生於辰月

→辰月為春天，雖為五行屬土，但判斷身強弱需回歸本氣

→故辰月為木氣

　　所以是身強

流年 乙酉

年○戌 年柱○戌 害到年柱：不常在家裡，和長輩分開住，恐有長輩過世。
月○戌 年柱○戌 害到月令：財庫不穩定，錢財有進有出，心情七上八下，心中有苦難言。
日○戌 年柱○戌 害到日支：和配偶聚少離多，可能會分往兩地工作，要多注意婚姻。
時○戌 年柱○戌 害到時支：可能會換工作，事業不穩定不順利，小人多。

排十神

十神之排法是以日干為「我」，以日干觀點來看與其他各干五行之生剋比和的關係。

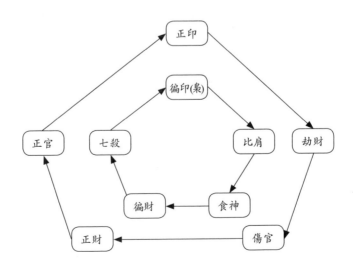

十神之間的相剋關係

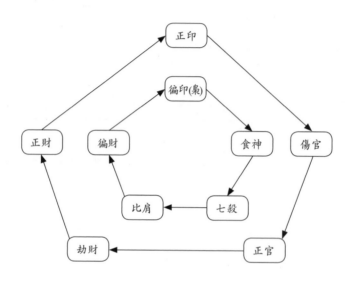

正印：生我，陰配陽，陽配陰；

偏印：生我，陽配陽，陰配陰；

傷官：我生，陰配陽，陽配陰；

食神：我生，陽配陽，陰配陰；

劫財：同我，陰配陽，陽配陰；

比肩：同我，陽配陽，陰配陰；

正官：剋我，陰配陽，陽配陰；

七殺：剋我，陽配陽，陰配陰；

正財：我剋，陰配陽，陽配陰；

偏財：我剋，陽配陽，陰配陰。

註：偏印又稱梟印

七殺又稱偏官

十神之生剋關係——

官怕傷，被傷則禍；

財被劫，被劫則分；

印怕財，貪財則禍；

食怕梟，逢梟則奪。

十神之間的相生關係：如附圖（74、75頁）請把圖列出。

正官→生→正印→生→劫財→生→傷官→生→正財→生→正官

七殺→生→偏印（梟）→生→比肩→生→食神→生→偏財→生→七殺

十神之間的相剋關係

正財→壞（貪財則壞）→正印→剋→傷官→剋（被傷則禍）→正官→剋→劫財→奪（劫財則分）→正財

偏財→壞（貪財則壞）→偏印（梟）→奪（梟印奪食）→食神→制→七殺→剋→比肩→奪→偏財

十神代表的六親關係

	男命	女命
食神	晚輩、部屬、學業、功名	晚輩、部屬、女兒
傷官	晚輩、部屬、祖母	晚輩、部屬、兒子
比肩	兄弟、朋友、同輩	姐妹、朋友、同輩
劫財	姐妹、朋友、同輩	兄弟、朋友、同輩
偏印	繼母、養父、祖父	母親
正印	長輩、貴人、母親	長輩、貴人、祖父、母親
七殺	女兒	情夫
正官	兒子、上司、師長、長官、事業、名氣	丈夫、上司、師長、長官、學業、功名
偏財	父親、妾	婆婆、事業
正財	妻子	父親

男命：正官、七殺→代表子女，所以食傷多剋正官、七殺，沒子息（男命傷官必損子）。

女命：食神、傷官→子女，所以食傷多剋正官、七殺，沒夫緣（女命傷官定剋夫）。

男命比劫多，父不長壽（因比劫奪財而偏財表父親）。

比肩雖有兄弟，比多父不長壽；財旺可以生官，財多母年不固。

年柱有財官臨旺，且為用神，祖上有德，榮華富貴。

年柱逢劫殺，且為用神，祖上衰敗。

七殺旺，比劫弱，表示兄弟無緣。

身強，偏印多→個性急燥、傲骨、自命不凡，雖多

才多藝，但暗惹人嫌，作人失敗，一生福薄，多敗少成

男命大運流年三合財鄉：主紅鸞星動。

流年走傷官，未婚會想結婚，結婚的想離婚。

已婚女性流年走傷官，要注意少說刺激的話、去刺激老公。

「木火逢蛇大不祥，金豬何必太猖狂，土猴木虎夫何在，時對孤鸞舞一場」即指日主女性有：丁巳、乙巳、辛亥、戊申、甲寅，即命中帶「孤鸞寡鵠煞」，有剋夫之現象，婚姻不如意。

男命正財不合日主，與日主之外之天干相合，其妻恐有外遇的可能。

女命正官不合日主，與日主之外之天干相合，其夫恐有外遇的可能。

女命日主有丙午、戊午、壬子之女人，會將男人玩弄於股掌。

武財神：傷官、正財、七殺。

八用有比肩、劫財，好競爭，不適合和人合夥，適合做和人有關的工作。

八用有官印同現，主官印相生，表示太幸福了，會比較懶惰。

八字中沒有財的比較悲觀，沒有笑容。

八字四柱中有合太歲，同太歲的話表示反吟、伏吟，表示作什麼都不順利。

有比肩對自已的人很好。

夫妻日月柱相沖，易於反目。

☆傷官見官，為禍百端，表示一生將不斷為意外災難所困擾，或犯官司纏訟、或牢獄之災或頻見血光，可多捐血化解血光之災（建議最好用奇門遁甲把傷官合掉）才可化解之。

☆梟印奪食，表示常遭陷害、輕則破財、斷送財根，或被扯後腿，重則而導致身敗名裂，或突遭意外，命喪身亡。

比劫重重，幾度夕陽紅，是指曾經擁有婚姻或錢財，但不長久。

八字有正官，考運通常不錯。

月支帶偏印的人，通常愛唱反調，為反對而反對。

八字五行缺木，較無企圖心。

八字五行缺火，缺少熱情。

八字五行缺土，較無自信心。

八字五行缺金，較無收斂心，無貴氣。

八字五行缺水，較無多元心態，不會隨機應變。

八字水過旺，性慾特強。

丁壬合，容易喜歡年輕異性。

戊癸合，容易喜歡年長異性。

八字流年害月柱

害：分離、變卦、小人、災難。

四柱中流年害月柱（表示內心）沒有關係，只是內

在心性比較會七上八下起伏很大。

反吟伏吟淚連連，不傷別人便傷己，此年的運勢視自己的福報多寡而定，平時多行善事就有好運、平時作惡多端或自私自利，無口德就會有衰運。

八字同時有偏財和比肩時，錢財留不住。

八字同時有偏印和食神時，最會替別人打江山，到頭來自己卻一無所有，容易每隔一段時間，所付出的努力都會重新歸零一次。

偏印是動腦高手點子多。

命中帶七殺的人敢愛敢恨，女命帶七殺通常打扮起來妖豔動人。

傷官口才一流，主通才，什麼都會。

男命傷官、偏財多的人，較爲多情，女人緣好。

官殺混淆，主淫亂，搞不清楚自己要顧面子，還是要顧裡子；最後會太過現實。

女命官殺混淆，婚姻容易離婚。

男命官殺混淆，身弱又有財剋印，無子。

天干一字連，屋破禍連連。

地支一字連，二度婚姻緣。

財星逢劫財，或逢劫財之年月，不免有金錢被劫走的可能。

八字天干月時有傷官，常常會有感情困擾，或在工作上常會有作事都有份，升官都沒你的份。

時坐桃花（子午卯酉）視爲外桃花，女易好色紅杏

出牆：男性性慾特強，可得妻財。

　　男女差3、6、9歲，婚後宜離鄉發展，否則多口舌。

身強：身強又有正印、偏印，身邊就是小人而不是貴人。

　　身強年柱帶食神，小時候吃雞腿；身弱年柱食神，吃雞骨。

身強：身弱逢財，常爲錢所苦，所遇到的財都是過路財。

　　身弱逢官殺，難免災難臨身，小心身體較虛弱，有血光之災。

男命：男命八字有比肩、劫則和正財、偏財同現者，表示重視朋友更甚於老婆，因爲比劫奪財。男命八字中有財（偏財）透出天干，而被合，表示早婚。

女命：女命八字中有印透出天干，而不被沖，表示早婚。

　　女命八字中有官透出天干，現於年月柱，而不被沖，表示早婚。

　　女命有傷官，表示漂亮，冰山美人型，但男人會害怕不敢接近。

　　女命有正官，表示眼睛大，長相漂亮。

　　女命官殺混淆，主夫星不明，易有重婚跡象。

　　女性帶官（正官、七殺），表示異性緣強。

奇門遁甲改運

例：

```
時  日  月  年
傷  主  官  食
戊  丁  壬  己
申  未  申  未
```

年 食 己 未 食 己未 →食傷混淆，常會拿不住主意； 　且食傷剋官殺，官又表夫，故老公較無運。

月 食 壬 申 官 壬申 →女命有正官，眼睛大，漂亮。

日 食 丁 未 日 丁未 →地支無合、無沖、無害、無刑，表示這個人和其他人的互動不多可 　打奇遁午合未成火（和配偶合成多情之合）；再打奇遁寅沖自己的 　申（自己會變得比較積極主動才會比較有衝力），也與事業的寅午 　戌成火局幫助丁火。

時 食 戊 申 傷 戊申 →傷官見官，可── 　1、打奇遁癸合戊。 　2、打奇遁甲正印生丁火，因為印表示貴人，身弱喜印比。

十神代表的意義

十神	意義
正財	漏財、身體虛弱（財多身弱）
偏財	慷慨、財利運轉頻繁、財運旺盛
食神	食祿、文昌、學習
傷官	孤單、孤獨、技術、才藝、師格、投機心（男）、賭性堅強（男命）、有宗教緣（女命）
比肩	分享、共有、合作、桃花
劫財	勞碌、煩惱、憂鬱、有宗教緣（男命）
正官	好面子、名氣響亮、正直、升官
七殺	破壞、血光、脾氣剛強
正印	人氣旺盛、人緣佳、首權主管、老闆之象（懶惰被動）
偏印	固執、獨裁、主觀意識強、謀職上班、風流（男命）、正房無望（女命）

十神數目的影響

八字四柱裡有	2個	3個	4個
食神	專才的智慧	食祿好，但會太懶	容易發胖
傷官	通才的智慧，容易有感情問題	EQ差，老公無運，需打奇遁化解	聰明過頭，EQ差
比肩	朋友多，重視朋友，錢財留不住	容易有第三者介入，而有感情困擾，財留不住	容易有第三者介入，而有感情困擾，財留不住
劫財	重視朋友，無力護妻，錢財留不住	魯莽，無力護妻，錢財留不住	男命要多注意妻子，有宗教緣，錢財留不住
偏印	點子很多，非常固執	風流，口才一流	口才一流，固執
正印	寬容，慈悲，娃娃臉	貴人多，太懶了，有宗教緣	
七殺	個性強，有氣魄，敢愛敢恨	脾氣剛強，要注意身體，血光之災	要注意身體，要注意災難，壓力，血光之災
正官	愛面子，有官運，有領導力	更愛面子，想太多腳踏兩條船（女）	非常愛面子，要注意身體
偏財	喜賺大錢，不守財	容易好高騖遠，愛玩	到處流情，有外婆
正財	喜歡固定財源	恐有兩個老婆（男）	注意母親身體

十神代表的意義

食神

福星，文財神

頭腦好，重視理論，才華洋溢，適合鑽研某一專門的學問，如發明家，適文藝工作。

個性文靜，溫文儒雅，樂觀進取，接受傳統，有耐性，感性，自尊心強，脾氣好，心寬體胖，有些懶散，氣質好有風度，不喜歡和人爭，朋友也多。

食神太多，想法固執，觀念迂腐。

有口福、很愛吃，也知道哪裡有好吃的。

食神最怕偏印，帶食神的人流年或大運走偏印要小心（梟印奪食），容易破財傷身，被人陷害。

脾胃要注意。

女性食神太多容易更換伴侶。

表子女、晚輩、學生、部屬。

流年：女性今年有懷孕的機會。

長相：外表清秀，溫柔儒雅，像鄰家女孩，如侯佩岑。

食神在各柱的意義

年柱	小時候家境不錯，出生在文昌有食祿的家庭，小時候很會唸書。
月柱	很聰明，在求學階段，讀書運順利，且有口福，交的朋友通常不錯，朋友也常會找你去吃飯，適合文藝工作。
日柱	長相溫柔儒雅，很有文藝氣息，學習心很強。
時柱	在事業上，才華出眾，鑽研力強，有福氣，子女長相不錯，才華洋溢，樂觀進取、脾氣也很好女性很容易懷孕。

傷官

武財神。

自尊心強，特立獨行，感情豐富，多愁善感，易被感動，很有音樂細胞。

有才華，有氣質，非常聰明，多才多藝，能舉一反三，喜自由不受束縛，屬於通才，如評論家。

自負，好惡分明，諷刺，不滿情緒、作事情有自己的標準，審美觀念很高，對自己的要求很高，對事物的標準很高，所以對事物的評價都不高，很愛說話，得理不饒人，要懂得修練，說話要慢條斯理，也要多練習說好聽的話，同時要練習情緒管理EQ，但切記不要強出頭，要練習推功委過，要常常練習讚美別人。

潑辣撒嬌、清秀姣好、任性、喜歡聽好聽的話。

剋正官，名聲地位容易被人破壞。

女命帶傷官，長得漂亮皮膚很好，但感情不順利，要注意婚姻問題。

男命帶傷官，看電影、看電視也會流眼淚，身強者很會賺錢。

八字帶傷官的人，運勢不好的時候，要多拜拜（正印），因為印能剋食傷。

八字帶傷官的人，心情不好的時候，很會亂花錢，但花完心情就會好了，因為財可解傷，長相是現代美女，如楊丞琳。

傷官在各柱的意義

年柱	小時候才華洋溢，對自己的要求很高，自尊心強，不喜拘束與長輩不易溝通，愛出鋒頭，愛說話家境普通，父母親的事業名聲地位容易起伏不定。
月柱	求學階段較易多愁善感，愛好自由，長相不錯，才華洋溢，通才，不滿社會的事物。
日柱	表配偶，潑辣，愛撒嬌，長相姣好，自尊心強，任性，但有才華。
時柱	表示事業，但通常作事都有你的分，升官就沒有你的分，一有名聲地位就會有小人扯後腿，強出頭的結果就是被小人破壞，最後只好不滿走人，但時柱有傷官，通常能力很強，很有才華。

比肩

容易有感情困擾，易有三角關係。

自主性強，敢冒險，講義氣，會為朋友兩肋插刀。

好勝不服輸，很少放棄，人際關係好。

流年走比肩，一定要出名才會有好運，否則自己被劫財。

欠缺協調性，高標準。

外表看來樂觀，但內心孤單。

比劫之人，感情豐富，尤其晚上更感性。

比肩代表兄弟、朋友、獨立自主、自尊、好勝、自信、不通融、意志堅定、競爭。

八字有比肩就像小偷一樣，隨時會有人瓜餓財（劫財像強盜）。

在年是長上，在月是朋友、在日是配偶、在時是小孩。

長相：通常很有人緣。

比肩在各柱的意義

年柱	從小就獨立早熟，愛比較，好勝心強、其父母容易會有感情困擾，要多注意父親的身體。
月柱	求學時期，自主性強，重義氣，好交朋友，常為朋友操心，人際關係好，但容易在感情上有三角關係。
日柱	配偶重視朋友，好勝、獨立、感情豐富、個性較不通融，容易有感情困擾。
時柱	在事業上容易與人競爭或者與人合作，合夥，身強者易吃虧，朋友多，客戶多，外表好看，但內心孤單、總覺自己一定能作到，但常常事與願違。

劫財

可走組織傳銷和團隊。

帶比劫的人都有感情上的問題。

比較大膽，八面玲瓏，口才很好，公關能力一流。

兄弟姐妹、朋友多、劫財像強盜，強迫來劫你的財。

個性變化大，隨機應變能力好。

交朋友很容易，朋友很多（尤其是身弱）。

缺點：比較魯莽，外表樂觀，內心想不開。

喜歡熱鬧，很會演自己，喜歡耍小聰明，看朋友比另一半重要，男命劫財多，無力護妻（小心剋妻）。

不擅理財，建議最好置產可保值。

帶劫財的人可劫別人，也會被別人劫。

劫財代表姐妹、異性朋友、競爭、爭財、損財、不服輸、野心大、表現欲、善交際、外表樂觀，內心想不開。

男命帶劫財，容易失戀、婚前交的女朋友易與人爭，處事最好保低調，否則容易功敗垂成。

長相：有點面帶憂慮的感覺。

劫財在各柱的意義

年柱	小時候就多愁善感，家境不好，會將錢花在父母親或長輩身上，要多注意母親的身體。
月柱	朋友很多，但都是酒肉朋友，公關能力強，應變能力佳，重視朋友，要多注意老婆身體，並可能會有感情上的困擾。
日柱	表示配偶很注意朋友，人際關係，口才很好，公關能力強，容易有感情困擾。
時柱	在事業上容易與人競爭，不服輸，野心過大，但事業上的朋友非常多，交朋友也很容易，可以從事和人脈有關的工作，應變能力佳，口才很好，公關能力強；對小孩是（有求必應），是小孩的土地公、土地婆。

偏印（又稱為梟印或梟神，簡稱P）

偏財破偏印。

反對黨。

偏印多表示福氣變薄，口才一級棒，是個洗腦專家。

聰明精明，點子多，想法創意多，喜歡與眾不同，同中求異，適合開創設計的工作領悟力強，能舉一反三，會帶給別人很多歡樂。

脾氣不好，因為梟印奪食，所以容易找到命帶食神的對象。

像將軍作戰，但容易為人打江山。

需收斂，多聽聽別人的意見。

身強者，主小人，口舌是非多。

偏印代表繼母、貴人、思想、主觀、奇招異術、神秘、頑固、聰明刁鑽、偏執、警覺多疑、獨樹一格、同中求異。

長相：通常容易面帶憂愁。

偏印在各柱的意義

年柱	小時候就聰明刁鑽，鬼靈精怪，脾氣不好，家境家道中落，常惹父母生氣，愛唱反調。
月柱	主觀意識強，想法與眾不同，創意點子多，思想怪異，喜歡和人唱反調，口才佳，犯小人，是非多。
日柱	表示配偶聰明刁鑽，想法與眾不同，創意點子多，但有點偏執和多疑。
時柱	在事業上常有人扯後腿，是非口舌多，但很有創意和點子，常常替人打江山又拱手讓人，很會帶給朋友歡樂，適合偏執性行業：設計、發明等創類的工作，也適合五術、命理的工作。

正印

　　代表母親、貴人、思想、觀念、主觀、宗教信仰、慵懶、仁厚、同情心、慈愛、文藝、文學、自命清高、依賴、異中求同。

　　主貴人，看來慈悲、寬容、仁慈、端莊。

　　正印多，反而忙碌，但爲別人付出多。

　　有福氣之人，像有護身符（就像身強的人）。

　　身強的人會自己動手，身弱的就會叫別人動手。

　　比較悲觀，容易有仙佛之緣，第六感強烈。

　　比較懶惰，需要積極一點，氣質好，怕吵。

　　孝順，多關心自己的母親。

　　男命帶正財和正印，因爲則會壞印，容易有婆媳問題。

　　男性帶正印，師奶殺手。

　　月令提綱如只有單一個正印，容易當少奶奶。

　　長相：通常溫文儒雅、嫺淑端莊。

正印在各柱的意義

年柱	很幸福，有長輩照顧，長輩是你的貴人，男性年柱有正印就像裴勇俊一樣是個帥哥，很得丈母娘的喜愛。
月柱	被動，依賴性強，慵懶、貴人多，有宗教信仰，爲人仁慈，有氣質，女性月柱有正印是個端莊美女。
日柱	配偶是個有氣質但慵懶的人，依賴性強，但有貴氣。
時柱	在事業上常有貴人幫助，晚年會有宗教信仰，小孩的文學氣息重。

七殺

武將軍。

主災難，壓力是非，也主權力事業。

強奪、好勝、做了再說。

個性強，有氣魄、好勝，積極，事業心強，死要面子，容易三心兩意。

容易有鳳眼，交際公關，口才佳。

女命七殺（美豔動人型），容易有外遇、有感情上之困擾，但可以作和男人有關的事業，也有幫夫運。

具有領導性，對事業有企圖心。

要懂得收歛，否則容易有是非。

小時候易有受傷，要注意血光問題。

七殺代表壓力、災難、兇悍、小人、敵對、計謀、報復心、猜疑、專制霸道、缺惻隱之心、敢愛敢恨。

長相：女性平常看起來普通，打扮起來就很亮麗，男性感覺起來有股殺氣，不笑時會讓人覺得害怕。

在各柱的意義

年柱	小時候容易有血光之災，脾氣不好，專制霸道，父母對事業很積極、有企圖心，父母從事製造、營造工廠、加工相關類型的工作居多。
月柱	個性好強死要面子、積極，但容易結交壞朋友，災難小人多，脾氣不好。
日柱	配偶個性凶悍，專制霸道，敢愛敢恨，是個恰查某。
時柱	在事業上有魄力，企圖心、領導力、企圖心、積極、好計謀；但相對的壓力也較大。

正官

代表行政官員，作事條理，管理能力強，領導力強，品性好，講信用，光明溫和，責任感強，保守，重視效率，不喜投機，容易想的太多而錯失機會。

死要面子，活受罪。

容易自己開創事業或創業。

到了傷官年要特別注意，尤其是簽約、創業。

對付正官之人，要一板一眼的。

正官代表丈夫、官職、社會地位、權勢、面子、上司、紀律、負責態度、正義感、守信、有禮、保守、光明正大、不積極。

長相：眼睛大大的，長得很好看，漂亮端正；男性是五官端正，天庭飽滿。

正官在各柱的意義

	男性	女性
年柱	且為喜用神，表少年得志，受父母疼愛，有祖蔭，學業佳、小時候愛哭，很會唸書，家境不錯、父母親長輩有名聲及地位。	
月柱	求學階段順利，少勞苦，考運不錯，能結交到好朋友、正直盡責、有責任感，有權勢，學業功名佳，女性的異性緣很好。	
	會交到好朋友，備受朋友肯定，會出名，地位好。	
日柱	配偶長相端正、聰明、應變能力佳，個性溫和保守，中年大發	
	可得賢妻助或可得貴夫。	
時柱	注重名聲事業，有責任感，不喜投機、重視效率、有領導力和管理能力；子女敦厚，賢孝；晚年運佳，部屬能力好，兒女有成就。	

偏財

代表金錢、妾、父親、意外之財、疏財重義、慷慨、豪邁、不執著、非固定財源、誇張、動產、用情不專、不重財、不擅理財。

財表父親及外婆（外面的老婆）。

很會投資，交友廣闊。

愛慕虛榮，主大筆錢財。

男性愛玩，喜歡流動性的東西。

最有人緣的星，喜歡吃喝玩樂，很會花錢，不拘小節，沒有耐性。

喜歡賭博，樂觀，人緣好，很會賺錢，也容易有賺錢的機會。

喜歡投資報酬率高的東西，但八字有比肩的人，要注意不適合投資高風險的行業（因為比肩奪偏財）。

男人流年走比肩年時要注意，外緣和外婆要處理好，否則容易東窗事發，和外婆分離。

奇門遁甲可打偏財奇遁破偏印。

長相：很有人緣，嘴角上揚（身強者）；身弱者，面帶憂鬱苦悶。

偏財在各柱的意義

年柱	小時候人緣不錯，愛玩，慷慨，不守財，父母交友廣闊，喜歡投資，很會賺錢。
月柱	求學時不喜歡唸書，都交一些愛玩的酒肉朋友，花錢大方，人緣極佳，異性緣好，喜歡高報酬的投資。
日柱	配偶很愛玩、重虛榮，會亂花錢，不守財，人緣佳，交友廣。
時柱	很會賺錢，但不會守財，很愛投資，尤其是高風險的東西，有機會出入聲色場所，喜歡賭博，人緣極佳，常有意外之財；小孩通常很愛玩，但人緣好。

正財

代表金錢、妻子、勤儉、儲蓄、保守、正派、家庭責任、犧牲奉獻、滿足現狀、固定財源、固定資產。

只有一個正財，表示會理財，保守，踏實，單純，生活固定。

正財太多，反而很小氣，需要有錢才有安全感。

男性帶正財，又被日主合到，很疼老婆，有兩個正財，容易有雙妻命。

建議要多冒險。

財代表歡喜心。

講信用，工作穩定。

但財越多，越愛玩。

缺點：不重視錢，財來財去。

正財在時柱，又和別柱合，容易有三角關係。

男性流年走劫財年時，要注意老婆的身體，因為劫財奪正財。

男性流年走比肩年時，要注意外遇容易東窗事發，因爲比肩奪偏財。

長相：有笑容，樂觀，人緣好。

正財在各柱的意義

	男性	女性
年柱	家境小康，有固定財源收入，生活單純，固定保守而踏實，父母也很勤儉。	
月柱	求學時容易分心，不想讀書，一心想要出社會賺錢，男性很年輕就會有異性朋友，也可能很早婚，爲人正派，保守踏實，喜歡穩定的生活。	
日柱	配偶保守正派，踏實，注重家庭責任，滿足現狀，勤儉。	
時柱	喜歡固定型、穩定型的工作，保守而踏實，，工作單純，能有固定的收入，爲人講信用，不太敢冒險，男性雖會有晚婚的跡象。	

流年的影響

十神	影響
正印	貴人多，有宗教緣，懶散出外見貴，在家見鬼。
偏印	想法特別怪異，外食機會減少，想減肥可以趁今年，小人也比較多。
食神	特別有口福，食祿，文昌，學習力特別強。
傷官	容易胡思亂想，才華洋溢的一年，女性要特別注意婚姻和老公的身體。
比肩	注意錢財容易流失，特別容易交朋友，注意父親身體，容易和人合夥。
劫財	個性會比較大膽，交友廣闊，錢財也容易被劫走，男性要特別注意老婆的身體。
正官	名聲、名氣、地位提昇，事業有機會擴大發展，女性有機會認識異性朋友。
七殺	血光多、災難多、是非多、小人多、壓力多。
正財	會很想賺錢，男性容易在此年結識異性或在此年結婚。
偏財	有很多賺錢的機會，男性容易在此年結識異性或有外遇，身強又走運者：賺錢；身弱者：爲財而苦惱。

判斷身強身弱

出生季節生我、同我爲「身強」，其餘爲「身弱」。

季節	木(春)寅卯辰	火(夏)巳午未	金(秋)申酉戌	水(冬)亥子丑
甲乙	強			強
丙丁	強	強		
戊己		強		
庚辛			強	
壬癸			強	強

注意：月令是回歸本氣，尤其辰→木、未→火、戌→金、丑→水。

判斷日主強弱

1. 得時

   日干對月令。

2. 得勢

   同我、生我的五行眾多爲得勢；我剋、剋我、我洩多者，爲失勢。

3. 得地

   日主對應至四柱地支的12長生。

   有長生、冠帶、臨官、帝旺爲強；其餘爲弱；衰、病、死、絕爲失地。（以月令及日支爲準）

判斷用神

看何時走運。

口訣：

強（身強）喜走弱運

弱（身弱）喜走強運

例：

甲木生於子月（冬天）→身強

身強喜走弱運，逢巳午未申酉戌年時走運。

庚金生於午月（夏天）→身弱

身弱喜走強運，逢申酉戌亥子丑年時走運。

整柱之論

1、先看日柱

a. 最怕甲子和庚子：

男命逢此容易白髮送黑髮；

女命逢此很容易再嫁。

b. 丙午（極陽）和癸亥（極陰）：

男命逢此表孤獨（儘管有子女，老來也難有人孝養）；

女命逢此易意氣而亡（尋短）。

c. 戊戌、戊辰、庚戌、庚辰、壬戌、壬辰：

魁罡宜男不宜女、男命逢此易破財、不能守財、容易被人倒，或守不住財。亦代表掌權領導能力。

女命逢此凌夫、欺夫、罵夫，或夫妻不合或聚少離多。女命易個性剛毅、寧缺勿濫。

d. 辛巳、戊寅：八敗

110

逢此不宜合夥或賭投機之物，只要一動投機或合夥，
家中就會有死傷。

e. 庚寅、丙申：債棟日

男命逢此剋妻。

女命逢此子難養。

2、日柱月柱配合

a. 辰、戌、丑、未月出生，且日柱為乙卯、丁卯、壬
申、癸丑：天掃（男命）、剪刀（女命），九歲之
前，父母損其一。

b. 寅、申、巳、亥月出生，且日柱為甲寅、乙巳、丙
申、丁亥：桃花男命逢此無情，女命逢此多情有異性
桃花。

c. 子、午、卯、酉月出生，且日柱為甲辰、丙辰、丙
子：平頭煞男命逢此易招婚外情，女命逢此易剋夫家
郎（夫家的男人：公公、先生、小叔）。

3、月柱時柱配合

a. 寅、卯、辰月出生，且時柱為丁酉、丙戌、庚辰：將
軍箭不論男女命逢此，九歲之前家中必有人傷亡（酉
戌辰時春不旺）。

b. 巳、午、未月出生，且時柱為乙未、丁卯、甲子：將
軍箭不論男女命逢此，九歲之前家中必有人傷亡（未
卯子時夏中亡）。

c. 申、酉、戌月出生，且時柱爲丙寅、甲午、癸丑：將軍箭不論男女命逢此，九歲之前家中必有人傷亡（寅午丑時秋並忘）。

d. 亥、子、丑月出生，且時柱爲丁亥、庚申、丁巳、癸巳：將軍箭不論男女命逢此，九歲之前家中必有人傷亡（冬季亥申巳爲秧）。

PS：歌訣：酉戌辰時春不旺
　　　　　未卯子時夏中亡
　　　　　寅午丑時秋並忘
　　　　　冬季亥申巳為秧

4、月時納音配合

a. 月柱納音爲金，時柱爲丁卯、癸卯，則帶白虎。

b. 月柱納音爲水或土，時柱爲丙午、庚午，則帶白虎。

c. 月柱納音爲火，時柱爲丙子，則帶白虎。

d. 月柱納音爲木，時柱爲辛酉，則帶白虎。
　　男命帶白虎，有車關（路上埋屍）。
　　女命帶白虎，有子難送終，丈夫血中亡。

判斷身體健康

　　干支與身體器官的對應

十天干與身體部位的關係

歌訣	甲頭乙項丙肩求，丁心戊脅己屬腹；庚是臍輪辛屬股，壬脛癸足一身由。									
地支	甲	乙	丙	丁	戊	己	庚	辛	壬	癸
身體	頭	頸	肩	心	脅	腹	臍	股	脛	足
內臟	膽	肝	小腸	心	胃	脾	大腸	肺	膀胱	腎

甲膽

乙肝

丙小腸

丁心

戊胃

己脾

庚大腸

辛肺

壬膀胱

癸腎

十二地支與身體部位的關係

歌訣	午頭巳未兩肩均，左右二膊是辰申； 卯酉雙肋寅戌腿，丑亥屬腳子為陰。 肺寅大卯胃辰宮，脾巳心午小未中； 申膀酉腎心包戌，亥焦子膽丑肝通。										
地支	子	丑	寅	卯	辰	巳	午	未	申	酉	戌	亥
身體	下陰	腳	腿	脅	膊	肩	頭	肩	膊	脅	腿	腳
內臟	膽	肝	肺	大腸	胃	脾	心	小腸	膀胱	腎	心包	三焦

午，心

丑，肝

子，膽

卯，大腸

申，膀胱

寅，肺

辰，胃

巳，脾

酉，腎

未，小腸

　　心包為一包裡心臟及出入心臟的主血管根部的囊樣結構。

　　三焦是中醫的一個特有名詞，是上焦、中焦和下焦的合稱，有各自的生理部位：

● 「上焦」是由鎖骨至橫隔膜，上焦主納，可呼吸主血脈，代表器官：肺、心、呼吸系統，其特點是主宣發，將飲食物所化生的水谷精氣敷布周身，如霧露一樣可以滋養全身臟腑組織，因而喻為「上焦如霧」。

● 「中焦」是橫隔膜至肚臍，中焦主化，飲食在此化生營血，代表器官：胃、脾、肝，其特點是主運化，將飲食在脾胃消化，腐熟水穀，運化精微，化生營血，故喻之為「中焦如漚」，「漚」即是飲食水穀腐熟時的泡沫浮游狀態。

● 「下焦」則是肚臍以下的部位，下焦主出，將分解的食液在此繼續吸收分離，代表器官：大小腸、腎、膀胱，其特點是分別清濁、排泄尿液與糞便，其具有向下、向外排泄的特點，故稱「下焦如瀆」，「瀆」指溝渠。

中醫原理和八字開運原理是一致的：

實者洩其子（身強）

虛者補其母（身弱）

常見判斷身體是否健康的方式有三種：

一、五行法

二、日干法

三、流年流月

一、五行法

五行法的原理是萬物的運作，依賴於陰氣與陽氣之間的相互轉換，僅靠單一的陰氣或陽氣是不會充滿生機的，這就是俗話所說的「孤陰不生，孤陽不長」。

判斷方式：將八字依照干支所對應到的臟腑分別歸類，如果每個五行都同時有對應的臟腑，表示調合；倘若一個五行單有陰臟或陽腑、或是某個五行的臟腑數目不一致，表示陰陽不調合，表示這個五行的臟腑容易有相關的疾病。

例如：

八字	五行	身體	數目	結果
流火火木水年丁丁甲癸丙未卯寅亥戌火木木水	木	甲膽子	○	不調合
		乙肝丑	×	
	火	丙小腸未	○	不調合
		丁心午	○○	
	土	戊胃辰	×	缺五行
		己脾巳	×	
	金	庚大腸卯	○	調合
		辛肺寅	○	
	水	壬膀胱申	×	不調合
		癸腎酉	○	
		心包（戌）	×	不調合
		三焦（亥）	○	

二、日干法

　　日干法的原理是因爲日干不僅表示命主的個性特徵，也同樣表示命主的身體與臟器的生理特徵。

判斷方式：直接由日干就可以判斷身體健康，例如命主的日干是丁，那表示要特別注意心臟方面及血液循環方面的疾病。

三、流年流月法

　　流年流月法的原理是因爲不同的流年會影響到不同的身體部位和臟腑。

判斷方式：直接由流年干支就可以判斷身體健康，例如今年流年是丙戌，那表示要特別注意丙

（肩、小腸）戌（腿、心包）方面的疾病，
該年會有此類徵狀的人也會比較多。

如何論流年

地支六衝

1. 衝年支（根）：
   要小心長輩身體、也有搬家、異動或轉換工作的跡象。

2. 衝月支（苗）：
   表當年處事較積極有動力、有幹勁，行事作風較以往大膽衝動。

3. 衝日支（花）：
   已婚者：要小心夫妻之間的感情，容易意見不合、反目成仇。

   未婚者：反而容易在此年打開婚姻宮而突然想開了而結婚。

4. 衝時支（果）：
   有走運者則有發財；無走運者則小心破財或事業結果中斷，且此亦需注意容易與子女、員工、部屬起爭執、意見不合。

十神歲運論法

1. 逢比劫運
   指朋友、兄弟、姐妹此年會廣結善緣。

　身強：遇損友。

　身弱：遇益友。

因為比劫洩印，印主求知欲，讀書必定不專心。

又主剛毅，比劫又奪財，剋妻（劫財奪正財）也不利父親（比肩奪偏財）。

2. 逢食傷運

　身強：主發財致富。

　身弱：主借貸週轉。

財表示色欲，又主心性浮動浪漫。

食傷制官殺，男不利子息，女不利夫。

3. 逢財星運

　身強：主進財、賺錢運。

　身弱：為財所困。

財會壞印，此年不利母親，也不利求學，貴人也比較少。

4. 逢官殺運

　身強：主開創事業，貴氣臨門。

　身弱：主招若是非，注意身體健康。

官殺剋比劫，此年不利兄弟，也主心性，會變得比較保守、謹慎。

5. 逢正偏印運

　身強：會因長輩、母親而受累，貴人變小人。

　身弱：會因長輩、母親而受益，貴人很多。

印又主文昌，此年大利求學，心性由動轉靜。

以丙戌日主爲例：

流年 時	甲木	乙木	丙火	丁火	戊土	己土	庚金	辛金	壬水	癸水
丙戌（火）	偏印	正印	比肩	劫財	食神	傷官	偏財	正財	七殺	正官

我們可以利用天干五合之間的關係（十神）來探討流年的關係，至於十神的各自現象請參見討論十神的章節，在這裡我們補充的是流年的討論，並説明如何利用遁甲來充分應用天干五合，以降低流年對我們的負面影響。

在應用遁甲時，會涉及到合衝的力量大小問題，在這裡，我們使用的理論是：合＞衝（剋），依照這個原理，會引申出另一個重要觀念「貪合忘生」或「貪合忘剋」，就是合的力量大於生剋。這個觀點的演伸成，客體會優先去影響與主體相合的五行，再討論其它的關係。

奇門→引申爲「工具」

遁→保護或隱藏

甲→自己

1. 食神

「食神」怕「梟印奪食」，遇到四柱內有偏印時就要更注意消化系統，吃東西要注意衛生，如果生病去看醫生要更小心，很容易吃錯藥。

因爲丙辛合，辛剋甲爲正官，所以八字內又遇有辛的要特別注意。

對女性：因爲正官代表丈夫，因此這一年要特別注意丈夫是否有外遇。

對男性：正官又代表事業與名聲，因此，本年要特別注意事業與名聲下降。

如果八字中有壬：

身強者喜泄、剋、殺，打「丁」適合壬（偏印），壬被丁合就沒有偏印，也就不會發生「梟印奪食」了。

甲→食神→丙→合←辛→正官→甲

丁→合→壬←偏印→甲→食神→丙

身弱者喜印比，需要偏印（壬），打「辛」遁去假合丙（流年），沒有丙就沒有食神，就不會發生「梟印奪食」，就可以保護壬（偏印）。

壬→偏印→甲→食神→丙→合←辛

甲 ——→ 丙（食神）
↓
壬 ←——→ 丁（奇遁）
（偏印）

2. 傷官

代表才華洋溢、付出，有機會賺大錢，但情緒會很不穩定，尤其是婚姻。

傷官怕見官：表示災難、官司訴訟、頻見血光。

不論身強、身弱，一般直接合傷。

身強遇殺可化殺爲權。

3. 比肩

代表兄弟、朋友，人脈多，所以要知道如何應用，才有競爭力。

比肩奪偏財，表示大筆錢財流失，偏財也代表父親，

要多注意父親的健康狀況。

身強者，可打「辛」合住比肩的（丙）。

4. 劫財

劫的是時間、金錢、身體、感情。

八字中有正財，就很怕被劫財，因爲正財怕劫財，正財表示男性的配偶，所以也要特別注意與配偶的關係與健康。

打壬，用丁壬合，把劫財合掉。

5. 偏印

小人，要小心，也表示有特別的想法

梟印奪食：要小心，庚爲食神。

身強要破偏印，故打辛合偏印。

身弱要合食神，故打乙合庚（食神）。

傷官被合走，比較不會碎碎唸，要注意小孩子。

例：

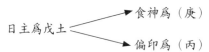

6. 正印

貴人，比較懶，比較遲鈍。

出門見貴人，在家見鬼。

丙戌年走正印會合掉辛（食神），會比較沒有飯局，不想動腦筋。

身強的人：腦筋會變得比較遲鈍

故打辛，合掉比較好

例：

日主爲己土 ──────► 食神爲（辛）

7. 七殺

災難、壓力、小人是非多。

印會化煞，如果自己沒事，就要注意母親的身體。

身弱，打印可化殺，母親身體也會好。

辛丙合，辛爲劫財，朋友就會比較少。

例：

日主爲庚流年走丙爲七殺奇遁打辛合掉七殺。

8. 正官

名聲、地位、升遷。

身強者更佳要好好把握。

官爲女性的老公，女性比較有異性緣。

流年丙辛，比肩被合掉（代表日主）腦袋比較會空空的。

官怕傷（壬），八字有壬要小心，怕傷官見官，

故可打丁合傷。

例：

日主爲辛 ──────► 壬爲傷官會尅正官

丙爲正官

9. 偏財

男性：異性緣很好

女性：注意父親身體

偏財怕比肩，故會奪偏財。

辛爲貴人被合掉。

八字有比肩和偏財，代表財被劫走，最好打奇遁合掉比肩。

例：

日主爲壬 ⟶ 辛（正印）爲貴人

流年走丙戌年、丙辛合，
身強表賺錢，身弱者，貴
人被合走，會爲財所困。

10. 正財

男性，異性緣很好；

女性，較有財運。

正財怕劫財，故打丁（壬）劫財。

八字有（劫財）的要把劫財合掉，才留得住財庫。

流年丙戌年丙辛合，辛爲偏印，小人被合掉，又代表女性的長輩。

例：

日主爲癸水 ⟶ 主爲劫財
奇遁打丁合壬（劫財）

流年 乙酉

官 戊戌 →小時候愛哭，愛面子。

食 乙丑

日 癸丑

梟辛酉 →流年走食神形成梟印奪食，被人扯後腿，又
　　　　　斷財根，故必須先把梟印合掉。

流年甲辰 →流年辰戌六沖，工作有變卦。

才　丙辰
劫　癸巳
日　壬午
偏印 庚戌 →越老越固

| 偏印 庚戌 | 日主 壬午 | 劫財 癸巳 | 偏財 丙辰 | 流年 甲辰 |

沖

流年 乙酉

食 壬戌
才 甲辰 →辰戌衝，內心的想法和長上不合。
日 庚午
印 己卯 →巳生庚，帶貴人，個性比較懶散。但流年酉
　　　　　沖尾柱卯，事業有變動，有衝勁。

例：

　　流年 乙酉
　　官 丙申
　　食 丁酉
　　日 壬辰
　　→流年走傷官，家庭會容易失和。
　　→丁壬合 對愛情比較浪漫、異性緣佳。
　　梟 壬寅

流年 乙酉

劫 戊午 →小時候家境小康，父母付出多。（天干走劫
　　　　　財之故）

　　食 辛酉

　　→朋友都很有才華。

　　→酉月生的人，比較雞婆，不喜歡別人藏秘密。

　　日 己丑 →流年走殺，主血光壓力災難小人。

　　梟 丁卯

流年 乙酉

食 丁未 →小時候很有食祿

梟 癸卯 →梟印奪食，要打奇遁戊合癸。否則身邊小人
　　　　　不斷。

日 乙亥 →亥藏壬（正印）甲，太太有幫夫運。

八字學 ·教科書·

男女合婚

　　合婚的原理：一個人的月支、日柱代表自己的想法與配偶的關係，所以將男女雙方的的月支、日柱直接拿來比較，可以了解未來各方面的關係。

步驟：

1. 列出雙方的八字。

2. 將雙方的月支、日柱男上女下排好。

```
      男              女
      命              命

   癸 戊 壬 丙    辛 庚 乙 庚
   亥 寅 午 申    巳 午 未 子
     →寅午合      →午未合
```

　　表示他們雙方各自的婚姻宮都沒問題。

3. 檢查關係男方及女方地支月支及日支的關係是否有刑、衝、會、合、害會、合越多越好；刑、衝、害越多越不好，此代表自己先天條件的婚姻。

a. 檢查自己（月支）和配偶（日支）的關係，可以知道自己配偶的緣份

　　寅 午　是否有刑、沖、會、合、害
　　午 未　是否有刑、沖、會、合、害

b. 內心的想法、觀念的契合程度與是否能溝通

　　寅 午
　　午 未

126

以男方的月支對照女方的月支來看溝通及想法，合表
示好溝通，刑、沖、宮表示溝通不良或想法不一致。

c. 性愛關係

```
┌──┐
│寅│午
│午│未
└──┘
```

以男方的日支對照女方的日支來看男女雙方的性愛關
係合表示做愛做的事很合，刑、沖、害表示床第不
合。

d. 表示兩個人的情絲

以男方的日干對照女方的月支及女方的日支對應男方
月支來看情緣，三合或六合表情絲很密，一離開就會
想對方，刑、沖、害表示情絲不強，分開就分開，不
會再想著對方。

另一種看男女緣份的方式

步驟：

1. 判斷雙方的日主是否為五合：甲己、乙庚、丙辛、丁
   壬、戊癸。

2. 如果有五合，再判斷月支，如果有刑、沖、害就叫有
   緣無份。

橫發命

馬入財鄉，發如猛虎，日主的財星是驛馬：寅、

127

申、巳、亥

例：

日主，壬癸，大運遇巳火且火爲本命之喜用神。

例：或本命的財星爲寅、申、巳、亥。

而大運或流年來沖，寅申沖、巳亥沖、也主大發。

```
戊 戊 甲 乙
午 辰 申 亥
           財→30歲大運巳亥沖正財，橫發數億
35 25 15  5
庚 辛 壬 癸
辰 巳 午 未
```

八字有辰戌丑未，流年逢沖要注意破財，而且家中的
陰陽宅必有被動土煞所傷，附近有人動土，沖到：

年支月支→陰宅

日支時支→陽宅

古云：辰戌丑未若重見（大運或流年），骨肉），
骨肉刑悲，父母不足，兄弟離異，親戚情疏。

八字行業判斷

1. 身強，又有比肩（奪偏財），要避免投機性的工作，
   例如：期貨、股票、期指商品的操作。

2. 日主強，財星弱，要利用食傷來引財，若身旺財弱又
   無食傷，則爲勞碌奔波之命，苦力或傭工之流。

3. 身強，八字印多（身強帶印），食傷很弱，勞碌命。

4. 財多身弱好比：沒有能力和人手，卻要承攬大工程；
   身旺財衰好比：人手很多但卻只接小工程。

5. 財多身弱有比肩：可與人合夥；財多身弱有劫財：適合獨立經營。

6. 以印星有用（身弱喜印比不得任財官），行財運剋去印星（因財壞印），再生官殺（財生官殺）攻伐日主（如果又剛好走財運中的財官殺流年），一定會因財惹禍，破財。

7. 判斷文武職，看那文、武職哪邊數目多：
   文職（是固定一處不用到處動）：食神、正財、正官；武職（是到處移動的工作）：傷官、偏財、七殺、偏印。

8. 身弱官旺：一生從商定犯小人，被害吃虧。

晚婚命格

1. 男命之財星或女命之官星過多而且為忌神者，通常晚婚。

2. 男命食傷或女命之財星過多，晚婚。

早婚命格

1. 男命之財是否獲得日支之印比；女命之正官是否獲得月令之幫扶。

桃花或結婚時機

1. 流年天干合日干；或流年地支合日支。

2. 日支或月支是忌神，而流年卻來沖日支（配偶）或月

支（自己），且流年天干和日干有合者，亦主婚姻、
桃花或同居。

3. 流年干與日干合、或流年支與日支合。

4. 流年干與大運合、或流年支與大運合。

財運

流年 乙酉

→身弱逢財必破財，但身弱有走運，表示論功行賞，以
道德論成敗。

男性要多注意老婆。

```
官 日 P 比
丁 庚 戊 庚
丑 辰 子 戌 → 天合地害
   → 天合地合
```

十二長生

十二長生是將生命過程抽象化成爲十二個過程的比
喻：

長生：就像剛剛出生的嬰兒，或剛剛開始成長的幼苗，
發了幼芽開始成長，一片欣欣向榮的景象。主心
情愉快，標新立異，在工作、生活和事業上將有
新的轉折和變革。

沐浴：嬰兒出生後需洗滌身上不潔之物，以保安康。沐
浴又有脫光衣服洗澡之意，但因沐浴之地，爲衰

敗之地，沐浴亦稱桃花，多酒色是非，以及易遭溺水等災厄。

冠帶：喻人從幼年逐漸長大，衣冠楚楚。運行冠帶雖較平常，但總的方向想好的發展。

臨官，喻人成年後就業有了工作職位，可以出仕做官。運行臨冠，主心情愉快，興旺發達，有功名利祿。

帝旺：喻人最強的盛興旺之時，可以輔佐皇帝出將入相而大有作為。運行帝旺，主人精力充沛，事業興旺，家庭幸福，皆大歡喜。即使有不順之事，遇此帝旺之鄉災難也會減弱。但物極必消：隱含由盛轉衰之意。

衰：喻人處在衰老氣敗之地。萬事萬物莫不盛極而衰，猶如潮水高漲之後，必然湧退之意，亦人老退休之意運行衰地，多主消沉。

病：喻人身體不適有病。人老了陰陽失調毛病也多了，體力大不如前，百病叢生。運行病地，多主病災，運氣不佳。

死：喻人之死亡，萬物之毀滅。人病了無法治癒便死亡，蓋棺論定氣極衰。運行死地，主多有災難，刑傷、官非等，有人離財散之兆。

墓：喻人死入墓，入土為安，萬物功成而載入庫，或人之終而歸墓也。在氣學裡為藏之意，運行墓地，多有錢財積蓄。此氣仍能影響子孫一樣，故墓氣為有

用之氣。

絕：喻人氣絕而無生機，猶如萬物未有其向。連墓氣也消失，一切將完了，等待投胎出生。運行絕地，好似淪落到沒有一點生機，兆示災難，或骨肉離散。

胎：喻人之受胎，萬物萌芽。萬事萬物，必多絕滅之理，故又重新投胎轉生。運行胎地，雖較柔弱，但具生命力，或有新的發展，兆示太平安康。

養：喻人或萬物在自然中形成之象。結胎後必須不斷供給養分，使之成形。運行養地，猶人已脫胎換骨出生，降臨人間。

十二長生的排序

關於十天干運生旺死絕之秩序，子平真詮說「陽主聚，以進爲進，故主順。陰主散，以退爲進，故主逆。此長生沐浴等所以有陰陽順逆之殊也。四時之運，成功者退，待用者進，故每干流行於十二支，而生旺死絕又有一定，陽之所生，即陰之所死，彼此交換，自然之運也」。

十二長生歌訣：

甲木長生在亥、乙木長生在午、丙火戊土長生俱在寅、丁火己土長生俱在酉、庚金長生在巳、辛金長生在子、壬水長生在申、癸水長生在卯、陽干順行、陰干逆行。

日干\歷程	甲	乙	丙	丁	戊	己	庚	辛	壬	癸
長生	亥	午	寅	酉	寅	酉	巳	子	申	卯
沐浴	子	巳	卯	申	卯	申	午	亥	酉	寅
冠帶	丑	辰	辰	未	辰	未	未	戌	戌	丑
臨官	寅	卯	巳	午	巳	午	申	酉	亥	子
帝旺	卯	寅	午	巳	午	巳	酉	申	子	亥

正官（女命）

坐長、冠帶、臨官、帝旺，必貴天

坐沐浴：夫好色風流

逢空亡：易有婚變、再婚

正官弱或無正官：

比劫重表夫妻少恩愛、多爭吵

無財有傷官、易剋夫

多印星、無財星易剋夫

八字學 ·教科書·

民國26～50年速查表

民國	男命卦	女命卦	民國	男命卦	女命卦
26	離	乾	39	坤	坎
27	艮	兌	40	巽	坤
28	兌	艮	41	震	震
29	乾	離	42	坤	巽
30	坤	坎	43	坎	艮
31	巽	坤	44	離	乾
32	震	震	45	艮	兌
33	坤	巽	46	兌	艮
34	坎	艮	47	乾	離
35	離	乾	48	坤	坎
36	艮	兌	49	巽	坤
37	兌	艮	50	震	震
38	乾	離			

民國51～75年速查表

民國	男命卦	女命卦	民國	男命卦	女命卦
51	坤	巽	64	兌	艮
52	坎	艮	65	乾	離
53	離（火土）	乾	66	坤	坎
54	艮	兌	67	巽	坤
55	兌	艮	68	震	震
56	乾	離	69	坤	巽
57	坤	坎	70	坎	艮（土）
58	巽	坤	71	離	乾
59	震	震	72	艮	兌
60	坤	巽（木）	73	兌	艮
61	坎	艮	74	乾	離
62	離	乾	75	坤	坎
63	艮	兌			

民國76～100年速查表

民國	男命卦	女命卦	民國	男命卦	女命卦
76	巽	坤	89	離	乾
77	震	震	90	艮	兌
78	坤	巽	91	兌	艮
79	坎	艮	92	乾	離
80	離	乾	93	坤	坎
81	艮	兌	94	巽	坤
82	兌	艮	95	震	震
83	乾	離	96	坤	巽
84	坤	坎	97	坎	艮
85	巽	坤	98	離	乾
86	震	震	99	艮	兌
87	坤	巽	100	兌	艮
88	坎	艮			

女命八字之所忌

一、女命忌，天干或地支太多合。

如天干：甲己合、乙庚、同獻或一己配二甲，或如：一乙配二庚，一辛配二丙，一丁配二壬，一癸見二戊，皆是不好，又如地支的合太多也是不好，此爲「雙鴛合」所以天干地支多合之女子，容易感情過重。最後而影響婚姻而不美。

*八字的天干同時出現兩個五合女人都是忌諱的。古云：「合神過重，非尼即妓」。

五煞簪花（咸池）

> 屬牛見午
>
> 屬龍見酉
>
> 屬羊見子
>
> 屬狗見卯
>
> 命書云：五煞簪花，日夜迎賓送客。
>
> 主多情多欲之徵。

殘花煞～主淪落風塵

寅午戌日	生於亥子丑月	亥時
申子辰日	生於巳午未月	巳時
亥卯未日	生於申酉戌月	申時
巳酉丑日	生於寅卯辰月	寅時

> 女命傷官、女人最忌，但帶印帶財，反為富貴。
>
> 女命命帶貴人為好，若帶太多貴人反成不好。
>
> 此貴人指：天乙貴人太乙貴人，天德、月德、文昌貴人等。
>
> 三命通會云：一座貴人為好命。
>
> 二座貴人心不定。
>
> 三座貴人定作娼。
>
> 六害之人忌日時，主老年孤苦無依。

孤鸞煞

> 木火逢蛇（乙巳日丁巳日）大不祥。

金豬（辛亥日）何必太猖狂，土猴（戊申日）木虎（甲寅日）夫何在，時對孤鸞舞一場，主男剋妻、女剋夫。

陰陽煞、丙子、戊午為日主為陰陽煞。

男逢丙子　　得美妻

女逢丙子　　多男人愛

女逢戊午　　得美夫

男逢戊午　　多女人愛（追求）

紅豔煞

凡日干甲　　　時日地支見午

　　　乙　　　時日地支見申

　　　丙　　　時日地支見寅

　　　丁　　　時日地支見未

　　　戊己　　時日地支見辰

　　　庚　　　時日地支見戌

　　　辛　　　時日地支見酉

　　　壬　　　時日地支見子

　　　癸　　　時日地支見申

歌訣：

多情多慾少人知，六丙逢寅辛見雞癸臨申上丁見（羊）眉開眼笑樂嘻嘻。

甲午乙申庚見戌，世間只是眾人妻、戊己怕辰壬怕子祿馬相逢作路妓，任是世家官宦女。花前月下也偷

期。

八字天干四柱見　甲乙丙丁　　丁甲乙丙

主一路無間、主陷害、男剋妻、女剋夫

女命桃花在時柱若逢沖，通常會有淫慾之事者多。

桃花一名→敗神→另一名曰咸池、主多情多慾。

凡　年支（生肖）

寅午戌→見其他月日時支有卯

申子辰→見其他月日時支有酉

亥卯未→見其他月日時支有子

巳酉丑→見其他月日時支有午

雙辰煞：代表刑傷，男當鰥夫，女當寡婦。

表八字四柱內有二柱都同樣的天干地支。

如：丙甲丙甲

　　辰午辰午

年，見（月　日　時）（生肖）	花釵煞	桃花煞
子	丑	亥
丑	寅	子
寅	卯	丑
卯	辰	寅
辰	巳	卯
巳	午	辰
午	未	巳
未	申	午
申	酉	未
酉	戌	申
戌	亥	酉
亥	子	戌

故女子釵桃同犯，朝雲暮雨不是風塵女就是犯邪淫、桃花。

快速記憶法

PS：本命生肖的前一位為桃花煞。

　本命生肖的後一位為花釵煞。

　孤為驛馬（順時找）往前，寡為（庫）（逆時找庫）往後

　　孤辰→男剋妻　男怕孤

　　寡宿→女害夫　女怕寡

桃花劫（女命桃花劫主少入娼門老為貧丐）

生肖	生在	桃花劫
寅午戌	亥子丑月	亥時生
巳酉丑	生在寅卯辰月	寅時生
申子辰	生在巳午未月	巳時生
亥卯未	生在申酉戌月	申時生

但現在未必是少入娼門，應解釋為，婚姻生活大部分不美滿、不幸福或婚前失貞，或婚後有外遇或私生活淫亂。

日主為酉日生者，八字四柱中若再逢亥則為好飲酒，主貧杯，亦主刑沖、落魄或酒死。

八字辛酉日時生，主男剋妻、女剋夫剋子。

流水煞（主下賤不貞潔）

三命通會：天干壬癸生人，見丙子、癸亥或申子辰（生肖）人，重見壬癸，日流水煞。

丁巳日生～犯孤鸞煞

乙巳日、辛亥日、戊申日、甲寅日

主男剋妻，女剋夫

八字用神在生活中如何應用

一、以財爲用神者

男人以財看妻，表必得妻助，生活中要多接觸女人、員工以女人爲佳，要多接觸漂亮美麗的事務……天生要靠女人賺錢，客户儘量找女生對自己較有利，或是做有關桃花方面的行業。

二、以食傷爲用神者

女人表必得貴子，男人必以專長頭腦智慧得財。

三、以官殺爲用神者

女人表嫁好老公，男人必得貴子，子女孝順。且多半爲公職，或是開公司工廠以致富。

四、以比劫爲用神者

表得朋友，兄弟姊妹助爲多，可多走傳直銷、公關交際、冒險的行業。

五、以印爲用神者

表一生多得母蔭，及貴人多可從事店面市的經營，要常多接觸長輩，尤其是女長輩，多有助益，一生有佛緣多接觸宗教，運勢佳。

長壽之命格

八字中干支五行平均。

八字中地支無沖無刑無害。

八字中日主旺,而有氣。

八字中日主旺,同時官殺弱,而逢財星。

八字中日主旺,財星少,但有食傷。

八字中日主旺,同時食傷透天干。

八字中日主旺,但有印來相生。

八字中月支無沖無刑無害。

凡符合上面情形上一之八字,必定是長壽命。

如何斷結婚年

①男人逢(正財、偏財)之流年或大運為結婚年。

②或男人逢比肩年或大運有時也會結婚。(男人身弱日主,尤其是財多身弱的男人)

③流年或大運來沖或者合男人的日支者為結婚年。

④男人身強八字太強了,比劫太多,走財不見得結婚反而走食傷(洩)才結婚。

①女人逢(正官七殺)之流年或大運為結婚年。

②或女人(身弱官殺旺)逢比肩(大運)年也會結婚。(身弱日主)

③流年或大運來沖或合女人的日支為結婚年。

④女人(身強)流年逢傷官也會結婚,因為傷官也主搬

家星，因結婚通常也會搬家。

男人如何斷外遇

結婚後流年或大運走財星容易有外遇或流年或大運來合財星表示外遇。

女人如何斷外遇

結婚後流年或大運走官殺容易有外遇或流年或大運來合官星表示外遇。

天乙貴人

甲戊庚日主之人流年或大運走牛年或羊年表天乙貴人運。

甲戊庚牛羊、乙己鼠猴鄉

丙丁豬雞位、壬癸兔蛇藏

表流年走到或大運走到皆能逢凶化吉之。

如何斷女人離婚命（地支斷離婚）

女人的婚姻宮看月支及日支和別支有無相沖，但日時支相沖不會離婚。

相沖例如：年月相沖、月日相沖，則易離婚。

已亥沖則不一定，但容易聚少離多（年月之沖）。

月日之已亥沖斷離婚。

①（年月之沖）男人斷離婚

月支沖生肖再加進一位，則斷離婚。

例：屬馬，生於亥月

對宮爲巳，而巳再進一位爲馬，故斷離婚命。

②月日之沖，斷離婚，月支與日支相沖斷離婚。

例： 甲丁　丁甲

　　午未→丑午

　　　　相沖

　　　　日月

　　（天干斷離婚）

女人天干帶正官和七殺斷離婚。

男人天干帶正財偏財，易離婚但身強則表雙妻命，不斷離婚。

若男人天干帶兩個都是正財，不見得會離婚。

若男人天干或帶兩個都是偏財，不見得會離婚。

☆女人天干有正官但又有傷官，傷官見官，斷離婚。

男人天干有正財但又有比肩來奪財，斷離婚。

例： （天干對地支）

　　男人 日主

　　　巳辛庚丙

　　　丑亥寅申

　　　　妻星

→寅爲財星（妻星）被日天干庚所沖剋，年月之沖如是妻星則離婚。

夫

　　　巳 丙 丁 乙
　　　丑 戌 亥 酉
　　　　　　辛　妻星
→天干剋地支（妻星）離婚。

（女）

　　　壬 戊 壬 辛
　　　子 戌 辰 卯
　　　　　　夫星
→夫星被天干辛剋走故離婚。

男

　　　乙 丁 辛 丁
　　　巳 亥 丑 亥
　　　　　辛 → 妻星
→乙去剋到妻星（辛）故離婚。

男

　　　比　　財
　　　戊 戊 壬 丁
　　　午 午 寅 亥
財被合走壬丁合，日支又帶陽刃故離婚。

（女）〈單由日主斷離婚〉

　　　癸甲癸辛
　　　酉子巳卯
☆女人帶（甲子）易離婚
　　　　（癸巳）

　　　男人日主有己巳，丁亥
　　　男人易離婚

男

　　　丁庚甲甲
　　　丑申戌戌
　　　男人月支帶劫財，主離婚，或終身不婚。
　　（因戌月中藏辛金）

男

　　　壬庚丁丙
　　　午申酉子
　　　　比肩 劫財
→男人身強月支及日支帶比肩劫財表兩個太太。
　　　男財
　　　丁甲丁己
　　　卯子卯未
　　　（乙劫財）

→男子二個老婆身強月支又帶劫財。

剋妻斷法

① 偏 ←—沖—→ 偏
　印　　　　財
　丙　戊　壬　辛
　辰　子　辰　卯
　　　癸
　正財（妻星）

→男子有正偏財而其中一個被沖或被剋走。

剋夫

月支、日支帶傷官表剋夫

時	日	月	年
○	丙	癸	庚
○	寅	未	寅
		己	
		傷官	

女

時	日	月	年
○	辛	○	○
○	亥	○	○

　　　傷官（因亥藏壬甲）

→連剋三個老公。

（女）

```
時    日    月    年
丙    辛    乙    癸
申    未←→丑←→未
```
→剋夫兩個未沖一個丑。

☆天干夫星被合走，也表剋夫。

```
夫    星    日    合
辛    甲    丙    己
未    午    寅    酉
```
→丙辛合掉夫星，合走主剋夫剋到夫星者主離婚。

☆女人壬日主天干又出現壬比肩，主老公會外遇。
☆女人甲日主天干又出現甲比肩，主老公會外遇。

　　女人　日支（帶桃花）表老公易外遇，所謂桃花是
指日支為子、午、卯、酉。

```
如    甲    日
      子
```

女人

```
辛    丁    甲    己
丑    卯    子    酉
            夫星
```
→日支桃花表老公外遇。

老婆外遇斷法

①妻宮帶桃花

　（日支）

時	日	月	年
○	甲	○	○
○	子	○	○

→日支帶桃花，妻子易有外遇

②妻星帶桃花的也表老婆易外遇

　男人以財看妻

時	日	月	年
○	丙	丁	○
○	辰	酉	○

→妻星又是桃花

③老婆癸（妻星）又去合月支之戊

　被合走表老婆外遇。

```
             日
      ○     戊     ○     ○
      ○     子     辰     ○
           （癸） （癸戊乙）
               ↖  合  ↗
             妻星
```

如何看女人自己桃花旺。

①女人官殺混雜。

②女人辰戌沖。

③女人天干有兩個正官。

④女人水太多也是表桃花旺。

⑤女人夫星沖太多表好淫。

　　　　乙←沖→辛

　　　　丑←沖→未

如何看男人自己很風流

①男人正偏財都有

②男　　　日偏財

　　丙戊㊣戊 →身強正偏財故兩個老婆

　　辰寅戌㊣

　　　　（正財）

③男人時支帶桃花的人很風流。

　　　→丁 ○ ○ ○

　　　　卯 ○ ○ ○

男人帶偏財多的人愛妾不愛妻

男人如何看尅子，男人以官殺看子

（時支帶傷官）的男人表尅子

時	日	月	年
癸	壬	庚	丙
卯	子	子	申

乙

（傷官）

男逢傷官必損子，傷官必須在時柱才算。

☆男人的正官或七殺被沖或被合走也主無子

	日	七	
		殺	
戊	丙	壬	丁
戌	子	寅	酉

日支與時支相刑也會無子

	日		
丁	戊	○	○
巳	寅	○	○

刑

→較無子，但有女兒

女人以食傷看子

☆女人的時柱有P（偏印）通常會剋子

因梟印奪食的原因或者會沒有兒子命，但有女兒命。

☆女人食傷被沖→剋子

女

　　　庚　甲　甲　甲
　　　午　子　戌　子

午藏己丁傷官被子所沖

→表剋子

女

　　　　　日
　　　　　主　　P（食神）
　　　丙　壬　庚　甲
　　　午　申　午　戌

→食神被沖，所以只有兩個女兒沒兒子命

剋父親如何斷

　　　男人以財星看父親

　　　女人以印星看母親

→月柱看父母

☆月的天干地支帶劫財主剋父親

○	己	○	○
○	○	戌	○

（戊丁辛）→劫財

☆財星

女

時	日	財	年
辛	癸	丁	庚
酉	亥	亥	子
（壬甲）	（壬甲）	（癸）	

→財星被沖的很厲害，故剋父親

女

才	日	財	才
戊	甲	己	戊
辰	申	未	午

→八字財旺的人表剋母親，因財會壞印（母親）

男

丁	丁	癸	丁
未	未	卯	亥
		木	

→印旺，表母親很長壽。

☆女人如何看失戀

　女人走傷官表示感情受打擊

女

　　　　日

　己　辛　丁　己

　丑　卯　卯　亥

→流年走壬申，傷官年，和老公大吵

　　　　走　癸　酉　年　癸　沖丁（夫星）還是大吵

女

　　日

　　丙

　　◯

　走乙丑年 傷官己（丑藏己癸辛），感情不順。

女

　　　　日　　　殺（夫星）

　癸　己　丁　乙

　酉　巳　丑　未

→辛年時沖年干七殺，離婚。

女

	日		
	主		
○	庚	庚	壬
○	寅	戌	寅

丙申年 丙為夫星被壬所沖掉，故離婚

☆沖日支之流年也表感情不順

庚	庚	庚	丁
辰	午	戌	未

丙子年沖到日支，主感情不順

女

丙	丁	庚	乙
午	卯	辰	未

→走 辛酉年沖日支卯老公自殺

☆男人失戀如何看？

男人走七殺表感情打擊（失戀年）

男人天干財星逢沖也會失戀。

男人八字財太多（又身弱）走財年也表失戀。

　　　　偏財

己　丁　丁　辛　→走癸酉年 老婆跑掉

酉　亥　酉　巳

才　財　才　財

流年沖日支（配偶宮）也表婚姻出狀況。

有時不是離婚有時是配偶身體出問題。

☆大運只要逢沖日支也表婚姻出問題。

如何看血光

①大運沖日支，容易有血光住院

流年走正官，表注意血光

　　　日

癸　辛　丁

丑　亥　丑

→戊辰年，流年走官年，出車禍血光。

☆身強者，犯太歲，也主生病（走偏財）。

日天干去剋流年天干主

表沖太歲（老虎）

表示你去玩老虎主生病住院。

☆大運走土庫表示買房子

男

　　○　　巳　　○　　○
　　○　　申　　○　　○

→大運走土庫，但要在中年行（辰戌丑未）表示置產。

男

　　　　　　　日
　　丙　　庚　　戊　　丙
　　子　　申　　子　　子

→走土運（大運）流年傷官年買房子。

　　身強逢傷官　表賺錢

　　身弱逢傷官　表諸事不順，支出多。

☆大運走傷官 主 搬家、改行或工作停頓。

　　　　　　日
　　○　　甲　　○　　○
　　○　　戊　　○　　○

→大運走丁傷官改行或搬家。

　　　　　　　日
　　　　　　傷　　傷
　　○　　辛　　○　　○
　　○　　○　　○　　○

→走丙年正官年職業有變動，因傷官見官。

　　　　　子

☆流年走傷官也會變動，不僅是大運走傷官才變動。

☆財被沖也會工作變動。

男

　　　壬　癸　○　○
　　　子　○　○　○

→走丙子年工作異動。

男

　　　日
　　　○　乙　戊　壬
　　　○　巳　申　申

→丙子年（傷官年）退休

☆　　　　日
　　　○　辛　○　○
　　　○　酉　○　○

→

乙亥年日天干去剋流年天干，也會容易生病住院或工作
停頓。（此為沖太歲）

何時流年會有大財（偏財）

☆流年逢才（偏財）

```
        日        七
        主        殺
    庚   丙   丙   壬
    寅   戌   午   辰
```
→庚申年走才（偏財），賺大財

☆   日
    壬   辛   庚   己
    辰   酉   申   亥
→乙丑年車禍住院。

　　　（才）偏財年

☆日干和日支，沖流年日干日支，主破大財或生大病。

　天剋地沖
        日
    丙   庚
    ○   辰
→走甲戌年，天剋地沖年柱，破大財。

　　但八字其它干又有去剋日干又有大進財。

☆ 例：
    庚   壬   丁   乙
    子   辰   亥   巳
→10歲大運

天剋地沖，主破大財或生大病住院。

```
      20    10
      乙    丙
      酉    戌
```

劉邦友

```
            日
    ○    丁    癸    壬
    ○    丑    亥    午
```

85年

丙　　用神年出來卻被壬水剋走故死亡。

子

☆從強的人走七殺破財

例：

戊土火土旺，流年走七殺破產。

如何看大富之命

例：

```
            日
    印    主    財    才
    己    庚    乙    甲
    卯    辰    亥    午
                （壬甲）
```

☆財氣通門戶

壬（食傷）水源之不斷地生財主大富。

例：男命

日
主
甲　丙　丙　壬
午　辰　午　戌
　　　　　戊丁辛

→財弱又無食傷故只能小攤販。

身強又財氣通門戶主大賺錢。

如何看貴命？

☆八字有官星或七殺星，主發貴，公職名氣。

當老師的八字

日
正官主
壬　丁　丁　乙
寅　酉　亥　丑

→但若是七殺的話，屬非公職的地位，屬地下民間的老師名氣。

例：

日
丙　辛　丁　壬
申　卯　未　午

→辛屬肺，丙丁沖辛金，34歲肺開刀四次。

例：蔣中正

```
庚    己    庚    丁
午    巳    戌    亥
```

→死於心藏病

蔣經國

```
        日
○    壬    ○    ○
○    戌    ○    ○
```

→七殺（戌中藏戊土對應到日干爲七殺）

→膀胱泌尿不好。

☆五行俱全一生無災。

如何論職業？

☆你的用神爲何？職業就是？該作什麼。

☆要一直講話的屬火形。

☆

正官多者，主，公職。

七殺多者，主，偏門 技術、工廠、製作、加工、軍警、職業。

正財偏財，主，銀行商人，銀行保險、證卷經濟行業。

食傷多者，主，技術藝術才華師格職業。

正印偏印，多，主文書、行政自己開店職業。

比劫多者，走，自由業居多傳直銷、勞碌型。

☆身弱財多，經常負債命，因身弱不得任財官。

火：熱度、光亮、修理、裝飾、電子電腦、光電、油類、理髮、服飾、美容、五光十色漂亮的行業、百貨、命理、評論家。

木：文藝、文學、教育、出版界、公家、政治、警界、藥物、醫生、護士、木製、青果、布匹、香、宗教。

水：驛動、清潔、靠海生活、流動性、直銷、旅行、記者、釣具、旅遊業、製冰、外勤、外務、業務、運動員。

金：尖硬、金屬、機械、電器、民意代表、五金、開礦、大法官、汽車交通、金融、珠寶、財務、保險、銀行、證券。

土：農作物、命理、建築、政治、不動產、當舖、代書、設計師、律師、殯葬業。

☆八字正財多也主賺財（偏財）

八字偏財1個也主賺正財而已。

☆身弱財多，如小船不堪重戴，恐有翻覆之虞！反生禍端。

☆「歲運併臨」，凡八字大運與流年干支完全相同者，叫做歲運併臨，獨羊刃，七殺為凶。

「歲運沖剋」～天干相剋，地支相沖。

歲者天之所蓋，運者地之所載，故太歲沖大運者。

禍重，大運剋太歲者，禍輕。

「不要人在天堂，錢在銀行」要及時行樂啊！

滴天髓云：「何知其人富？財氣通門戶」

身旺財弱，無官者，必要有食傷。

身旺財旺，無食傷者，須有官殺。

身旺印旺，食傷輕者，財星得局。

身旺官弱，印綬重者，財星當令。

身旺劫旺，無財印者，必要有食傷。

身弱財重，無官印者，須有比劫。

→此皆財氣通門戶

滴天髓云：「何知其人貴？官星有理會。」

如何斷子息多寡？

端看時柱所坐落之12長生歌訣。

長生四子中旬半，沐浴一雙保吉祥。

冠帶，臨官三子位，旺中（帝旺）五子自成行。

衰中，二子病中一，死中至老沒兒郎。

除非養取他人子，入墓之時命夭亡。

受氣爲絕一個子，胎中頭產有姑娘。

養中三子只留一，男女宮中仔細詳。

壽命如何斷？

①看流年有無沖破月令之提綱

    例：

```
              日
              主
    壬   乙   庚   戊
    午   丑   申   午
                （提綱）
```

→大運與提綱，天剋地沖，故58些至68些壽命盡

```
    68   58   48   38
    甲
    寅
```

②沖破庫→即時支→即根苗花果之果→即庫。

③大運走到辰戌丑未→老年行墓庫，棺材找一付。

神殺派的吉凶論法

    所謂神殺，是指八字中干與支的某些特殊組合形式。這些特定組合形式。這些特定組合，具有特定的意義及訊息提示，與一般的正五行八字，需要相輔相成一起合參，才能在論命基礎上提升準確度。

    如：

天乙貴人…三奇貴人

官祿   天德、月德貴人

驛馬	文昌貴人、華蓋
桃花	紅豔

四廢：
春庚申辛酉 夏壬子 癸亥
秋甲寅 乙卯 冬丙午 丁巳
表 春天生的人日主庚申 辛酉日的話表
帶四廢，一生做事都是有始無終，起伏不定，難成大業。

六十甲子納音五行的運用

一、可運用在夫妻合婚

　　例：某男生一九六五年生查表納音五行爲佛燈火，與某女生一九七三年生查表納音五行爲桑拓木，其年命是女生木生男生火，相生表能恩愛白頭，甜甜蜜蜜，相剋表夫妻不和，爭吵，或導致生病。

二、也可運用在事業合夥人的吉凶

　　五行相生則合夥事業順暢，賺錢。
　　五行相剋則表合夥人，容易意見分歧，事業不順，易分離。
　　「命論一世之榮枯，運言一時之休咎」

年月有財官（身強）必生富貴之家。

若日時有財或官財表是自行創業不靠祖蔭得來。

☆以月令提綱爲喜用者，最怕流年或大運來沖剋。

☆凡八字取庚金爲用者，行子運多死劫。

八字大運的看法

大運者，乃八字之表裡也

天干爲表，地支爲裡

凡行運在天干，則需兼看地支之神

若行運在地支，則棄天干之物

☆所以大運是重「地支」但上剋下者，上之力勝於下，下剋上者，地支之力勝於天干。

☆「蓋頭論」至先賢張楠看法

如庚辛日干喜 甲乙，丙丁 大運

不喜庚辛，壬癸 大運來蓋壞了頭

PS：吾認爲此爲參考就好……

☆大運需配合12長生，來論。

凡行運遇長生，主創建新事物。

遇臨官帝旺→主興盛，快樂，繁榮，財旺，表喜慶。

遇衰病主退財，生病，破財

到死絕主→衰敗，阻塞，落魄，昏迷。

到胎養表：百事順逐，平安。

八字月令地支與星座的關係
意指內在潛藏的個性

子→水瓶 1/21～2/18
子（水）

丑→摩羯 12/22～1/20
摩 手（丑）

寅→射手 11/23～12/21
影射

卯→天蠍 10/24～11/22
毛蠍

辰→天秤 9/24～10/23
混然天成（辰）

巳→處女 8/24～9/23
（巳）四處

午→獅子 7/23～8/23
（午）舞獅

未→巨蟹 6/22～7/22
畏 懼

申→雙子 5/22～6/21
雙生（申）子

酉→金牛 4/21～5/21
酉 金

戌→牡羊 3/21～4/20
辰戌丑未（羊）

亥→雙魚 2/19～3/20
害 魚

雙魚座月令有（亥）2/19～3/20

好東西要和好朋友分享。

細心與體貼，很愛自己，善待自己。

優柔寡斷的特質，超能力與第六感對他很重要。

愛幻想，隨波逐流，卻是較快樂的事，

絕對的敏感，且聰明，能洞悉事物的本質。

不喜歡撕破臉而面對現實。

喜歡把歡樂帶給大家，而把悲傷留給自己。

雙魚女人常是男人眼中的夢中情人。

優點：

感情豐富。

心地仁慈。

　　捨己爲人，不自私。

　　具有想像力。

　　善解人意。

　　直覺力強。

　　懂得包容。

　　溫和有禮。

　　容易信賴別人不多疑。

　　浪漫主義。

缺點：

　　不夠實際，幻想太多。

　　沒有危險意識。

　　太情緒化，多愁善感。

　　意志不堅定。

　　缺乏面對現實的勇氣。

　　容易陷入沮喪而不可自拔。

　　容易說謊習慣。

　　不善理財。

　　易受環境影響。

　　缺乏理性，感情用事。

牡羊座（戌）3/21～4/20

　　開朗而熱情，愛恨分明，不吃回頭草。

　　好強的個性，喜歡行俠仗義。

很浪漫，正經八百的會要他的命。

常過度自信而衝動行事。

常帶頭當第一做第二免談，作事動作很快，非常有自信，不向命運低頭，講話很直接，不擅處理細緻的事情。

衝動，富正義感，善良，精力充沛。

勇於冒險，開創，常自以爲是。

優點：

做事積極，熱情有活力。

有擔當，講義氣。

樂觀進取，有自信。

勇於接受新觀念與挑戰。

有明快決斷力。

坦白率眞。

爆發力強。

不畏權勢。

缺點：

自大自我中心強。

缺乏耐心。

粗心大意。

太臭屁。

說話欠缺考慮。

顧前不顧後。

三分鐘熱度。

容易腦羞成怒。

缺乏時間觀念。

不懂得照顧身體。

金牛座（酉）4/21～5/21

很重視第一眼的印象，決定喜惡。

很有金錢觀念，很愛賺錢。

美食主義者，喜歡含蓄而緩慢的愛情速度。

傳統而不保守，情緒是頭號敵人。

對事業有創造性的眼光。

軟心腸，面惡心善，脾氣頗暴躁。

個性頑固，沉著，意志堅定，慎重，溫和。

少動少說話，但腦子計算速度很快。

優點：

耐性十足。

一往情深。

有藝術天分。

腳踏實地。

做事有原則計畫。

能堅持到底。

擇善固執。

追求和平。

生活規律。

值得信賴。

缺點：

佔有欲太強、善妒。

頑固，缺乏協調性。

不善分工合作。

太過嚴肅，缺乏幽默感。

不知變通。

過於堅持自己的步調。

規矩太多。

太過謹慎，缺乏求新求變的勇氣。

雙子座（申）5/22～6/21

總有一兩個顯著的優點及特大的缺點。

見人說人話，見鬼說鬼話。

察言觀色，是雙子的看家本領。

口才與手腳俐落，是企劃與管理部門不可多得的人才。

好玩、好動、好奇，及求生意志與求勝心強。

精力旺盛對工作認真，無法忍受一成不變的生活。

最有情趣的情人，愛情遊戲，花樣百出，百玩不厭。

討厭婚姻的束縛，雙重個性，聰明、機智且善變。
講話很快，很不守時，經常打岔別人的話題。

優點：

多才多藝，適應力強。

風趣幽默，擅長溝通。

知進退，有分寸。

見人說人話，見鬼說鬼話。

足智多謀，反應靈敏。

八面玲瓏，善於交際。

很懂得隨機應變。

充滿生命力。

缺點：

三分鐘熱度。

善變，處世缺乏原則。

舉一反十，過於神經。

做事蜻蜓點水，不深入。

過於圓滑。

容易緊張。

意志不堅定。

讓人覺的不可靠。

不專心。

巨蟹座（未）6/22～7/22

　　是屬於富有愛心，性格較陰沉，情緒強裂。

　　直覺強，記憶力佳，對所愛之人非常親切，體貼。

　　最喜歡回憶與收藏，很節儉。

　　很愛家，很念舊，內向，常把心事埋在心底。

　　圓臉，五官突出眉主緊靠在一起，心情像月亮，常變化。

優點：

　　情感真摯，深切。

　　想像力豐富。

　　念舊，重情義。

　　有包容力。

　　直覺敏銳。

　　懂得體貼，關懷。

　　親切溫暖。

　　善解人意。

　　有同情心。

缺點：

　　跟著情緒走。

　　提不起，放不下。

　　太多愁善感。

　　不知適可而止。

　　缺乏理性思考。

經不起打擊。

說話拐彎抹角，不直接。

過度保護自已。

沉溺於過去，無法面對事實。

心腸太軟。

獅子座（午）7/23～8/23

人生如秀，真的很愛現，易自戀，而自我陶醉。

煽動力和感染力很強，但自尊心很強，喜歡明朗的愛情，常自以為是，生活面廣，交往者眾，獨處時會覺得很孤單，很愛交朋友，也很率性，表現欲強，但如不被重視，則會傷到自尊心，其疾病常與心藏、心壓、心悸，腎病有關，忌喝酒。

討厭黑暗和無聊，有果斷力，有大男人主義的傾向。

優點：

有領導力。

有激勵人心的氣質。

組織力強。

熱情開朗，對人慷慨大方。

心胸寬大，懂的寬恕。

一言九鼎，有信用。

樂觀，不多疑。

誠懇，正直。

缺點：

> 死愛面子活受罪。
>
> 好大喜功。
>
> 莫名優越感。
>
> 喜奉承。
>
> 缺乏節儉的美德。
>
> 喜歡指揮別人。
>
> 缺乏耐心。
>
> 剛愎自用，自以為是。
>
> 緬懷過去。
>
> 能伸不能屈。

處女座（巳）8/24～9/23

認為知識與智慧是人生幸福的鑰匙。

拒絕臣服於權威，適合幕僚工作。

毅力強，執行力強，完美主義，未雨綢繆，心思細密，感情內歛，思路清晰，常默默在執行事情，或解決難題。

略帶神經質，而吹毛求疵，但很有耐心。

具正義感，喜批評朋友的缺點，能受師長愛護。

優點：

> 追求完美，永不氣餒。
>
> 事事謹慎小心。
>
> 善於蒐集資料。

勤奮努力。

守本分，靠得住。

謙遜不誇大。

有精確觀察力。

有耐心。

對愛情忠實。

缺點：

太吹毛求疵。

嘮叨瑣碎。

杞人憂天，窮緊張。

自掃門前雪。

有潔癖傾向。

缺乏受批評的雅量。

不夠浪漫。

人際關係待加強。

太過實際，缺乏遠見。

天秤座（辰）9/24～10/23

表面上浪漫，骨子裡卻很實際，對有學問的好人傾心不已，敏感到顧慮別人的感受，是天秤的優點，常不懂得拒絕，常吃悶虧，常膽小怯懦，逃避現實，凡事要求公平。

誠實溫和，富同情心，重感情，處事公正中庸，擅

交際，重視婚姻，喜愛推理，辯論及所有美的事物，審美觀極高，討厭粗俗的東西，做事常猶豫不決。

表面上很聰明，卻會天真的受騙。

有時優雅迷人的甜蜜，有時卻受爭論，固執令人困擾，沮喪。

身材充滿孤度，天生雅痞，追求精緻生活。

優點：

公平客觀，有正義感。

適應力強。

對美感有鑑賞力。

邏輯強，善分析。

浪漫優雅風采。

戀愛高手。

有交際手腕。

能屈能伸。

缺點：

優柔寡斷，猶豫不決。

意志不堅，容易受人影響。

鄉愿怕得罪人。

不能承受壓力，沒擔當。

過分要求公平，吃不得虧。

息事寧人，治標不治本。

自圓其說，藉口太多。
喜歡享受，好逸惡勞。
常不經意地亂放電。
缺乏自省能力。

天蠍座「卯」10/24～11/22

　　自尊心很強，愛恨分明，很希望受重視，思慮周密，體貼是天蠍座最大的優點，天生悶騷型，外表冰冷但內心熱情得要命，通常臀部很漂亮，有自信，很少說奉承的話，一旦讚美，即是真心話。通常有不少敵人，是一個熱情的人，卻也是一個無情的危險分子。

優點：

深謀遠慮，恩怨分明。
直覺敏銳，有執行力。
不畏挫折，堅持到底。
對朋友講義氣，天生很性感。
魅力，堅持追求事情的真相。
善於保守祕密。
對人生有潛在的熱情。

缺點：

太過好強，占有欲太高。
善妒、愛吃醋。
疑心病重，報復心強。

　　得理不饒人，感情用事。

　　明知故犯，口是心非。

　　城府太深，愛恨太強烈分明。

射手座「寅」11/23～12/21

　　喜歡特立獨行，且酷愛自由，個性開朗樂觀，思想很直，常易得罪人而自知，不太會說謊，非常愛笑，冒險性強，領悟力強，幽默、好動、好自由。

優點：

　　天生樂觀、充滿理想。

　　正直坦率、很有幽默感。

　　酷愛和平、待人友善。

　　行動力強，有自己的處事哲學。

　　經得起打擊，有救世的熱情。

缺點：

　　粗心大意、心直口快。

　　易得罪人、缺乏耐心。

　　不懂人情世故、做事衝動。

　　不信邪、不聽勸告。

　　過度理想化，不切實際。

　　缺乏按部就班的計畫。

　　喜怒太形於色。

地支國曆：

水瓶座（子）1/21～2/18

水瓶座的個性：

　　比較瘋狂的性格，和瘋子之間差距小且說話有理性，又帶哲理和邏輯，但會被他的古怪行爲嚇到，具有領導能力，適舞台表演，很神經質，常晚婚，基本上是不受婚姻拘束的人。

優點：

　　崇尚自由。

　　充滿人道精神。

　　興趣廣泛，創意十足。

　　樂於發掘眞相。

　　有前瞻性，樂於助人。

　　擁有理性的智慧，獨立。

　　有個人風格，對自己的感情忠實。

缺點：

　　缺乏熱情，過於理想化。

　　不按牌理出牌。

　　打破砂鍋問到底。

　　太相信自己的判斷，思想多變，沒有恆心，對朋友很難推心置腹，過於強調生活的自主權，喜歡管閒事，太過理智，情趣不足。

地支

摩羯座（丑）12/22～1/20

最潔身自愛，通常只作有把握的事，最不會瘋狂的人。

不能接受別人開他玩笑，欠缺幽默感，較不想感覺做事，很實在。

脾氣古怪，做事執著，喜歡一人做事，且做事慢工出細活。

不喜歡管別人隱私，做事光明正大，樂於助人。

優點：

做事腳踏實地。

意志力強，不容易受影響。

處事謹慎，很有毅力。

堅守原則，重視記律。

有家庭觀念，對人謙遜。

有獨樹一格的幽默感。

缺點：

太過現實，固執己見。

不夠樂觀，利己主義。

缺乏浪漫，太過壓抑自己的欲望。

太專注個人的目標。

缺乏對人群的關懷和熱情。

不擅溝通。

不能隨機應變。

一行得氣格

① 曲直格

　　甲乙日干，生於寅卯辰月、地支寅卯辰東方或亥卯未三合木局，且無庚辛申酉戌金來剋。

② 從革格：

　　庚辛日干生於申酉戌月、地支、申酉戌合西方金或巳酉丑、三合金局且無丙丁，午未火來剋叫從革格。

③ 潤下格：

　　壬癸日干，生於亥子丑月、地支亥子丑會北方水或地支申子辰合水，且無戊己未戌土來剋。

④ 炎上格：

　　凡丙丁生於巳午未月、地支、巳午未三會火或寅午戌三合火局，且無壬癸，亥子丑水來剋，叫炎上格。

⑤ 稼穡格：

　　凡戊己日干、生於辰戌丑未月，地支辰戌丑未合土、且無甲乙寅卯來剋。叫稼穡格。

兩神成象

① 八字有二行各佔二干二支且不論，相生相剋。

☆從格→即逆來順受，何者為旺，從旺之勢，才可保合

生機，此即爲用神。

☆日主無根（指地支）且滿盤皆是官殺。

叫做從官殺格

　　若滿盤皆是食傷→叫從食傷格

　　若滿盤皆是印此→叫從強格

　　若滿盤皆是比劫→叫從旺格

　　若滿盤皆是又無官殺→叫從旺格

　　日干無氣，滿盤財官食傷→叫從勢格

☆化格

　　甲乙合化土且生於辰戌丑未月且不見木來剋，叫化土格。

　　乙庚合化金生於酉申巳丑月不見火剋，叫化金格。

　　丙辛化水生於亥申子辰月不見土剋，叫化水格。

　　丁壬化木生於寅亥卯木月不見金剋，叫化木格。

　　戊癸化火格生於巳寅午戌月不見水剋，叫化火格。

明喜忌

☆生扶用神者爲喜。

　　剋制用神者爲忌（普通格局斷法）。

☆正官格，正財格，七殺格，傷官格，食神格，偏財格，正印格，偏印格，八種的斷法。

①先看月令所藏之支有那些，如有透出之十種即此透出
　之十種的格。

　　如：

　　　　正　　命　　傷　　比
　　　　財　　　　　官　　肩
　　　　乙　　庚　　癸　　庚
　　　　酉　　午　　未　　子

→乙巳丁～（未藏乙己丁）
→乙木透出天干此爲正財格

②月令所藏之支雖未透出天干但仍爲月令本氣，因爲本
　氣之格。

　　如：

　　　　　　日
　　　　丙　　甲　　乙　　乙
　　　　寅　　子　　酉　　未
　　　　　　　　　（辛）
　　　　　　　　　正官

→酉月令雖未透天干，但酉（辛）爲本氣甲木的正官，
　所以也叫正官格。

　　五行的相生相剋：強弱的對應剋制化喜忌。

　　金弱遇火，必見銷鎔。

　　火弱遇水，必爲熄滅。

　　水弱逢土，必爲淤塞。

土弱逢木，必爲傾陷。

木弱逢金，必爲砍折。

強金得水，方挫其鋒。

強水得木，方泄其勢。

強木得火，方化其頑。

強火得土，方止其燄。

強土得金，方制其壅。

☆前述所謂「旺」是指得時令，或雖不得時令，但八字
　天干地支同黨多而言。

而「強」是指得時令，且又兼八字天干地支黨多而
言。

PS：「旺者宜剋不宜洩，強者宜洩不宜剋」

金能生水，水多金沉。

水能生木，木多水縮。

木能生火，火多木焚。

火能生土，土多火晦。

土能生金，金多土變。

金能剋木，木多金缺。

木能剋土，土多木折。

土能剋水，水多土流。

水能剋火，火多水熱。

火能剋金，金多火熄。

五行生剋制化喜忌

金旺得火，方成器皿。
火旺得水，方成相濟。
水旺得土，方成池沼。
土旺得木，方能疏通。
木旺得金，方成棟樑。

金賴土生，土多金埋。
土賴火生，火多土焦。
火賴木生，木多火熾。
木賴水生，水多木漂。
水賴金生，金多水濁。

但
男命只要是丙火不怕天羅（辰）
女命只要是甲木不怕地網（戌）

將軍箭

酉戌辰時，春不旺→表示生於1、2、3月且時辰為酉
　　　　　　　　　戌辰時，為命犯將軍箭。
未卯子時，夏中亡→表示生於4、5、6月且時辰為未
　　　　　　　　　卯子時，為命犯將軍箭。
寅午丑時，秋並忘→表示生於7、8、9月且時辰為寅
　　　　　　　　　午丑者，為命犯將軍箭。

冬季亥申巳為秧→表示生於10、11、12月且時為亥申
　　　　　　　　巳時者，為命犯將軍箭。

☆如命中犯有將軍箭者，12歲以前不傷長親則必傷自
　己，如要化解，必須認義父母。（神明亦可）可化解
　災殃。

☆日主天干，對照農曆的出生月、日的數字（尾數）而
　化成的十神。
　若都是七殺，則表示身上一定傷疤很多。
　例：

　　　○　　壬　　○　　○
　　　○　　子　　○　　○

　　年：31、壬為9，對照月、日皆剋我為七殺。
　　月：5、（七殺）
　　日：15、（七殺）
　　時：辰時

☆元神不旺：再有助元神之天干地支，叫做假借身強。
☆男命官殺混淆→表長相凶惡，但通常是好好人，好商
　　　　　　　　量。
☆男命元神最怕「己」土→容易個性偏激，吝嗇無情。
☆女命元神最怕「丁」火「癸」水。感情容易不順。

男人的八字逢大運或流年

☆食神若逢梟（偏印）～離鄉他鄉嫖。

☆不論男女要交脫大運時，氣數與運勢皆會比較差一
　點。（不是事業不順，就是感情出問題）

☆八字命中無庫，大運走墓庫主發財。置產。

☆男大運怕大肚申

→男命只有元神壬水，不怕大肚「申」。

→通常會生病。

☆女大運怕直腳卯

→女孩只有癸水，不怕直腳卯。

☆男怕天羅（辰，丑）女怕地網（戌，未）

☆日時支隱藏比肩，偏印。

　則表，男命風流，女命性慾強盛。

　例：

　　　　日
　　　○　○　○　○
　　　○　○　○　○
　　　比　偏
　　　肩　印

☆日時支隱藏劫財，傷官。

　表青燈伴古佛→現今通常稱為修道命。

　（或者會與宗教很有緣分）

　→為尼→為僧

　例：

日
○　○　○　○
○　○　○　○
傷　劫
官　財

☆偏財逢剋，父親早亡。

　例：

　　　　　偏
　　　日　財←剋
　　甲　壬　丙　壬
　　辰　子　午　午
　　　　　正財正財

☆月柱天干對地方，如（中壢）數字尾數23劃。
　可看週遭環境對我會產生何種影響。

　例：

　　新竹19劃。
　　　　　日
　　　○　壬　丁　乙
　　　○　辰　○　巳

→丁對到9為正官，表示在新竹名聲響亮。

　例：
　住在中壢23劃。

```
            日
     ○    壬    丙    ○
     ○    子    午    ○
```

→丙（3）對到23劃為比肩，表示住在中壢人緣桃花
旺，很多人會找他合作，或共有事物。

「歲運並臨」大運與流年干支相同～表示一定要變
動，不變動必有壞事發生。
如：換工作、搬家等。

☆四柱地支動搖，則此年亦為凶禍之年。
　　例：

```
     庚      甲      甲      辛
     午←─→子←─→午      亥
```

流年走丙子，但丙，流年天干也要剋到八字其中一柱
才算。

☆流霞運→即桃花煞，遇到流霞煞。
　　男怕傷妻，男命傷子。
　　女命婚姻感情不順。
日主天干對 →大運的地支
　　　　　　→流年

歌訣：多情多慾少人知，六丙逢寅辛見雞，癸臨申上丁

見未，眉開眼笑樂嘻嘻，甲乙見午庚見戌世間只
是眾人妻、戊己怕辰，壬怕子，祿馬相逢作路
妓，任是富家官宦女，花前月下也偷情。

甲乙→午，庚見戌
戊己見辰，丁見未
丙→寅 壬→子
癸→申 辛→酉

☆男命日支和流年相同，相合，相沖，易有桃花或結
　婚。

→日支　（妻）

☆門牌與流年的關係？
☆民國87年戊寅年～戊為5
→太歲在5（同太歲）
→白虎在9（流年去剋我們）
→五鬼在1（我們去剋流年）

☆民國89年庚辰

→太歲在7→太歲忌搬家。

→白虎在1→身體多病痛，生病。

→五鬼在3→諸事不順。

☆剋太歲的→爲病符。

　被太歲剋的→爲煞（破財）

☆八字多自刑，先天多勞碌。

☆丁火旺，多直言，口無遮欄，忌禍從口出。

☆看門牌思太歲看今年是否犯到太歲、五鬼，或病符。

　例：

　庚辰年→太歲爲7（7）天干排在第七位。

　①若門牌尾數爲7，忌動土，否則此動土，外面也算
　　在內。

　②若門牌尾數爲3→犯五鬼（剋太歲）諸事不順。

　③若門牌尾數爲1→犯病府（被太歲所剋）容易生病
　　開刀。

☆女命傷官遇七殺→爲三婚難到老。

☆女命食神當令，或偏印當令→代表早婚。

論用神順序

1.先看月令藏干有無透干（有透皆論凶神）。

　※但調候爲先。

2. 再看天干之喜忌。

如：

甲喜丙癸不喜壬

乙喜丙癸不喜甲

丙喜壬不喜甲己

丁喜甲不喜丙

戊喜甲不喜辛金

己喜丙（冬天用）、癸（夏天用）、辛（其它用調候）不喜壬

庚喜丁不喜癸

辛喜壬不喜甲

壬喜丙（冬天用）辛（夏天用）不喜戊

癸喜庚辛不喜己

3. 再看元神與月令有無當令得旺

身旺者→宜剋洩煞

身弱者→喜印比

4. 論合而可化為吉，合而不可化為凶。

例：

○　甲　己　○

○　○　○　○

→故己為吉神（用神）合而可化為吉。

→月令為3、6、9、12月為土

例：
```
       吉       凶
       辛   辛   丙   戊
       卯   酉   辰   戌
```
→丙辛合化水要在秋冬，因辰月爲春天。

→丙故爲凶，合而不可化。

☆甲己→3、6、9、12月

　合金乙庚、丙辛合水→秋冬可化

　丁壬、戊癸→春夏

　合木　合火

☆甲木超旺喜庚金來修飾。

☆丁火喜煉庚金。

☆日、月天干有帶正財或偏財，通常是帶病而死亡。

☆女命庫帶越多愈孤獨。

☆男命庫帶越多愈嗇嗇。

☆八字壬水，天干有兩個以上。～講話氣勢凌人。

☆八字七殺太多，太過威嚴，不易親近。

☆老人行墓庫（辰戌丑未）（大運）→棺材找一副。

☆四柱有癸亥或癸巳者，有宗教緣份深，易吃齋。

☆大運走比肩運，表示走桃花運多。

☆重重劫財，自小多憂，外型老成。

☆女命命硬如剛，老公身體差。

八字

☆三會何種五行→則命煞就在何五行方位。

例：

日
主
癸　壬　丁　甲
巳　辰　卯　寅

→三會東方木：此則爲本命中煞東方，若出生於台東、
竹東或爲東大路、東寧路等等有關東之地名、路名、
皆爲犯煞，容易一生帶殘或帶病。

例：

　　若本命八字三會之其中兩個，而大運走到三會之
另外一個地支，則表示在此大運儘量不要住在命所煞之
地名、路名、或公司名稱，或娶到或嫁給名字中有東之
字，很容易被煞到，而遭致惡運。

癸　壬　丁　甲
巳　辰　巳　寅

45
○　○　○
○　卯　○

→大運 三會

如何從八字得知☆命煞何方？該如何趨吉避凶？

例：

```
        日
        主
    丙  甲  庚  戊
    子  辰  申  寅
```

→申子辰三合北方水。故本命中煞南，宜往北方，不可
往南，若，出生之時，剛好在，如：竹南、台南或住
址為南中街、南大路等等有關的路名，則出生之後，
很容易被煞到，而帶殘，或帶病而終老。

若：

```
        日
        主
    ○  甲  庚  戊
    ○  辰  申  寅

            三合
    55 45
    ○  ○  ○
    ○  子  ○
```

→大運

例：若八字有三合之其中二個，而大運再走到子，而
成三合，代表這段時間煞南儘量避免，住在有關
南的地方、路街名或公司名稱或剛好娶到或嫁給
名字中有南的字，很容易被煞到，而遭致惡運。

☆申子辰→命煞南方

☆寅午戌→命煞北方

☆亥卯未→命煞西方

☆巳酉丑→命煞東方

　以此類推。

☆八字本身有丑、戌、未、三刑，大運若走到辰，則代
　表四庫全，主易遭官司，牢獄之災，或意外災難或破
　財，生病等災難。

　丑、戌、未、三刑→主孤單

　　例：

　　　　日
　　　　主
　　○　○　○　○
　　戌　丑　未　○

　　45　35　25
　　○　○　○
　　○　辰　○

→大運

☆八字本身有寅、巳、申、三刑，大運若走到「亥」則
　代表喪孝死亡，或遇到家族中有人喪亡。

　寅、巳、申、三刑

→主凶殘

八字學 · 教科書 ·

→又主忘恩負義

例：

○　○　○　○

申　寅　巳　○

43　33　23
○　○　○
○　亥　○

→大運

☆一般命理師，很忌諱教到這種八字的學生，很容易會背叛師門，忘恩負義！

☆辰、午、酉、亥、代表四煞。八字多四煞者（三個為多），代表很容易會受到環境住家之影響，而帶來不好的運勢。主多口舌是非及意外血光、破財。

☆子、午、卯、酉、四正神、又為四桃花，四柱有二個，若大運再走到第三個。易有喪亡帶孝，要小心家中長輩。

例：

○　○　○　○

○　子　午　○

```
31   21   11
○    ○    ○
○    卯    ○
```

→大運

流年神煞

一、出生那一年及以後的歲月中與出生年支相同的一年
　　為太歲年，是年不宜動土及修爐修房且要注意血光
　　及生病，要多注意保養。

二、出生後第二年遇到的流年神煞，太陽與天空。
　　表：此年將光彩照人，有所作為，天空表這一年容
　　易出現空忙的情況。

三、出生後第三年。（及每此年支相同的任一年）
　　喪門：表這一年可能要失去親人。

四、出生後第四年。（及與此年相同的任一年）
　　勾絞：表碰到不順心的事。
　　貫索：表容易被人偷去財物或容易丟失財物。

五、出生後第五年（以及與此年相同的任一年）
　　官符：與官方有接獨，有可能打官司或小麻煩。
　　五鬼：表此年容易遇到一些小人，常讓你覺得莫名
　　其妙。

六、出生後第六年（以及與此年相同的任一年）
　　死符：預示此年自己或家人容易生病。
　　小耗：預示此年會破點財，要損失。

七、出生後第七年（以及與此年相同的任一年）

　　欄杆：諸事難成，事倍功半。

　　大耗：容易有大的破財與大損失。

八、出生後第八年（以及與此年相同的任一年）

　　暴敗：預示此年會有大起大落。

　　天厄：預示此年容易遇到天災人禍，不要輕心。

九、出生後第九年（以及與此年相同的任一年）

　　飛廉：表此年易發生摔跌之事。

　　白虎：表此年易有血光之災，且易有口舌是非。

十、出生年後第十年（以及與此年相同的任一年）

　　福星：表此年將會遇到貴人幫助。

　　卷舌：表此年家中容易有是非及災難。

十一、出生年後第十一年（以及與此年相同的任一年）

　　天狗：表此年將奔波不停，但會有收益。

　　吊客：表此年家中或親友會出現病人或死喪。

十二、出生後第十二年（以及與此年相同的任一年）

　　病符：預示此年自己或家人易生病。

擇日基本要訣

一、有關婚姻方面

1. 納采：舊時婚禮中六禮之一，係婚嫁的第一個步驟。稱之為「提親」或「說親」，男方備妥禮物至女方求婚。

2. 問名：舊時婚禮中六禮之一，係婚嫁的第二個步驟。由男方具書，派人至女方家問女之名。女方回書，具告女之生辰八字（指誕生的年、月、日、時）和其生母姓氏。因為納采和問名為同一個人（媒人）行使的連續動作，所以一般稱之為「納采問名」，甚至就簡稱為「納采」。

3. 納吉：舊時婚禮中六禮之一，係婚嫁的第三步驟。在問名之後，男方取男女之生辰八字請算命先生合婚，經由算命先生證實兩人合適，男方在納徵之前，卜得吉兆，備禮通知女方，婚姻至此乃定。

4. 納徵：舊時婚禮中六禮之一，係婚嫁的第四個步驟。男女雙方說定之後，由男方備妥聘金與各種禮物致贈女方。因為贈送聘金，所以「納徵」又稱為「納幣」或「行聘」。

5. 請期：舊時婚禮中六禮之一，係婚嫁的第五個步驟。在納徵之後，男方選擇結婚的日子，告知女

方，並請女方同意婚期，稱之爲「請期」。

6. 親迎：舊時婚禮中六禮之一，係婚嫁的第六個（也是最後一個）步驟。請期之後，新郎於說定的日子，穿禮服至女家迎新娘至男家，然後入室行交拜，拜祖先之禮，稱之爲「親迎」。婚嫁六個步驟至此全部完成。

7. 訂盟：就是舊時婚禮中的「納徵」，也是今日所稱的「訂婚」。這是男女雙方婚嫁的重要程序之一，亦有人稱之爲「過定」、「文定」、「完聘」。

8. 裁衣：通常指裁縫製新娘的衣服而言，另外亦指縫製壽衣（死人穿的衣服）而言。

9. 安床：顧名思義，安床係指安置床位而言，然而依作用不同，則有安置新床與舊床重新安置之別。前者專指結婚安置新房，男方在結婚之前，不但把新娘房好好佈置一番，而且選吉日良辰、吉方、旺位安置新床。後者則因運勢不佳或久婚不孕，重新安排床鋪的位置與方向，以求改運或懷孕。

10. 合帳：亦稱爲「設帳」，係指縫製新郎與新娘要用的蚊帳而言。因爲安床與合帳二而爲一，所以亦一併稱之爲「安床設帳」。

11. 開容：又稱爲「整容」或「挽面」，意指新娘在出嫁之前，請人用線拔其臉上毫毛，若引申爲現代之意義，應指新娘婚禮前之美容、化妝而言，亦指女子成人禮之挽面。

12. 嫁娶：女方言嫁出，男方言娶入，女嫁男娶，嫁娶指的是迎親結婚的大喜之日，亦即舊時婚禮中六禮之「親迎」。☆通常嫁娶之日，先由男方擇日之後，再由媒人送交女方覆核，經男女雙方都同意之後才決定。

13. 納婿：亦稱為「招婿」。通常一般結婚，大都是女方嫁到男方為媳，而納婿正好相反，那是男方入贅女方為婿的日子。就男方而言，是入贅；就女方而言，是招贅。

二、有關搬遷建築方面

1. 移徒：就是遷居、搬家的意思。

2. 入宅：就是遷入新宅，新居落成的意思。

3. 破屋壞垣：屋，即房屋；垣，即低牆。破屋壞垣就是拆除房屋與圍牆。

4. 拆卸：即拆除建築物。

5. 修造：指修建房屋、城郭，修繕廟宇、樓台。

6. 豎造：豎為直立之意，豎造即修造。

7. 動土：指蓋房子或立碑時，起鋤動工。「動土平基」、「新基動土」、「興造動土」均指動土而言，亦指窪地填平或凸地鏟平。

8. 起基：指蓋房屋時，打地基的基礎工程，亦稱為「起基定磉」。磉，音ㄙㄤˇ，為柱子下面的石頭。在為陽宅起基時，必須先確定兩件事：一是位

置，一是方向。而定磉，就是確立方向的意思。

9. 伐木：又稱「伐木做梁」或「入山伐木」，指入山砍伐樹木，製作房屋的梁柱。

10. 開柱：亦稱「開柱眼」，指在柱子上面打洞。

11. 定梁：即固定梁木。

12. 豎柱上梁：即豎立柱子，上妥橫梁（初九不上樑）。

13. 蓋屋：亦稱「蓋屋合脊」、「蓋屋泥壁」、「蓋屋泥飾」，指蓋房子的屋頂，並粉刷牆壁。

14. 安門：又稱爲「造門」，即安裝大門。

15. 架馬：又稱爲「起工架馬」即在建築房屋時搭立木架，以供工匠立足和搬運建材之用。若用現代語，就是搭建鷹架。

16. 作灶：又稱爲「安修廚灶」，即製作新灶，或補修舊灶。就現代而言，就是安裝瓦斯爐灶，或修瓦斯爐灶。

17. 置產：又稱爲「修置產室」，即購買成屋的意思。

18. 安砎：指鋪設門前與屋內石級。

19. 安磨：又稱爲「安碓磑」。碓，音ㄉㄨㄟ丶，是舂米用的器具：磑，音ㄨㄟ丶，即石磨。安磨，指安裝磨具。

20. 垣牆：指構築房屋四周的圍牆。

21. 補垣牆：又稱做「修飾垣牆」，即修補與粉刷圍牆。

22. 造倉：亦稱「造倉庫」，即建造倉庫。

23. 修倉：亦稱「修倉庫」，即修繕倉庫。

24. 買宅受田：指購買房屋與田地，或接受他人贈送之產業。

25. 作廁：亦稱「開廁」，即建造廁所或修改廁道。

26. 開渠：指構築屋內的下水道。

27. 穿井：亦稱「開井」，即開鑿水井。古代無自來水，須鑿井得水來飲用，因此「穿井」乃一大事，為得乾淨之水，鑿井之人事前非但不得沾女色，而且得齋戒沐浴。

28. 開池：即開鑿池塘。

29. 作陂：陂，音ㄆㄧˊ，陂池即蓄水池。作陂，指建造蓄水池。

30. 放水：亦稱「開渠放水」即把水注入新造的蓄水池。

31. 築隄：亦稱築隄防。「隄」同「堤」，為防水的建築物。築隄，即修築隄防。

32. 補垣塞穴：指修補破牆，塞住洞穴。

33. 平治道塗：指把房屋周圍的道路鋪平。

34. 造廟：廟，為供奉祖宗或神佛的建築物。造廟，指建造寺廟、佛堂、尼姑庵、宗祠等。

35. 造橋：指建造橋梁。

三、有關生活起居方面

1. 分居：指大家族分家，搬至他處定居。

2. 剃頭：亦稱「理髮」，指嬰兒第一次理去胎毛。

3. 整手足甲：指嬰兒首次剪指甲與腳甲。

4. 沐浴：即洗澡淨身，指齋戒沐浴淨身，亦指出生兒首次洗身的意思。

5. 入學：指拜師學技藝，或入學堂接受教育。

6. 冠笄：亦稱「冠帶」。冠是帽子，古時男子二十歲時行成人禮，把帽子戴在頭上。笄，音ㄐㄧ，就是簪，古時候女子十五歲插簪，為女子成年之禮。冠笄，指男女成年之儀式。

8. 進人口：指認義子、收養子，或增添家丁、長工。

9. 會親友：指備酒菜設宴款待親朋好友，亦指拜訪親友。

10. 進壽：亦稱「做生日」，即給長輩做生日祈壽。

11. 出行：即出外遠行旅遊。

12. 上官赴任：即新官上任之就職典禮。

13. 求醫療病：求醫治療疾病或開刀動手術。

14. 療目：即治療眼睛。

15. 針刺：即打針與針灸之事，亦指給奴僕紋身。

16. 掃舍宇：把屋內外掃除乾淨。

17. 訴訟：即「打官司」，起訴狀。

四、有關祭祀拜拜方面

1. 祭祀：指用醇酒牲畜或清茶水果，以祭拜祖先、敬神拜佛，以表示崇敬之意。

2. 祈福(化煞用)：指設壇祭拜，祈求神明消災降福，亦指許願還願等祈福與謝神之事。

3. 設醮：亦稱「做醮」或「建醮」。醮，ㄐㄧㄠ丶，係祭祀神明的意思。設醮，指設立道場，一個村落或鄉鎮團體祭祀神明，祈求解除水災、火災、瘟疫或得雨水等，獲得平安與豐收。

4. 求嗣：嗣，音ㄙ丶，即子孫。求嗣，指祭拜神佛，祈求得子孫。

5. 解除：指請道士或法師來消災解厄，諸如：疾病、竊盜、紛爭、訴訟、車禍及其他災難。

6. 塑繪：指用泥土或木頭雕塑繪製神像。

7. 開光：亦稱「開光點眼」或「開眼」，指神像塑繪完成之後，致禮而供奉之。

8. 出火：亦稱「出火拆卸」。「火」即「香火」，出火指為了改建住屋，請神佛與祖先的香火，暫時移出；亦指兄弟分家，將祖先靈位分出去祭祀。

9. 歸火：亦稱「入宅歸火」，指住屋改建完成之後，請神佛與祖先的香火歸位。

10. 安香：亦稱「安神位」指新居落成之後，安置神佛與祖先神位的儀式。

11. 謝土：指建築物完工之後的祭祀典禮，亦指墳墓完

工後的祭祀典禮。

12. 祭墓：指新墳的祭拜或舊墓的清掃，清明掃墓亦包括在內。

五、有關死亡安葬方面

1. 合壽木：壽木就是棺材。合壽木，指生前預先購買棺材。

2. 開生墳：指生前預造墳墓。生前所造的墓穴稱之為「壽穴」或，「壽堂」。

3. 進壽符：指把生辰八字放進空墓之內。

4. 破土：亦稱「開墳」，指開築墳墓，起鋤動工。☆陽宅建築挖土動工，稱之為「動土」。☆陰宅墳墓挖土動工，則稱為「破土」。一般人破土與動土混淆不清，經常誤用。

5. 齋醮：亦稱「做功德」指喪家請道士或和尚建立道場，誦經祭拜以超渡亡魂。

6. 立碑：即豎立墓碑，亦指豎立紀念碑。

7. 成除服：包括成服與除服。成服就是穿上喪服，除服就是脫去喪服。

8. 入殮：殮，音ㄌㄧㄢˋ，入殮就是把屍體放進棺材裡。

9. 移柩：柩，音ㄐㄧㄡˋ，指有死屍在內的棺材。移柩，即安葬之前，把裝有屍體的棺材移出屋外。

10. 安葬：亦稱「落葬」或「奉柩安葬」，即把棺材放

入墓穴，用土掩埋之。

11. 啓攢：啓，就是打開：攢，音ㄘㄨㄢˊ聚集的意思。啓攢即打開墳墓，開棺將屍骨重新整理聚集，然後重葬在原處或改葬他處。亦稱，「抬骨」或「洗骨」。台語叫做拾金。

12. 修墳：即整修墳墓。

13. 行喪：指辦理喪葬之事。

六、安奉太歲神（安太歲）

1、何謂太歲神

（1）太歲神簡稱太歲，是地神中最有力的年神，根據《協紀辨方》的記載，太歲統帥百神，有「年中天子」之稱，另外《神樞經》上亦稱：「太歲，人君之象，率領諸神，統正方位，幹運時序，總成歲功。」這在顯示太歲位高權重。

（2）太歲神一共有六十位，從甲子年的金赤至癸亥年的虞程，依六十甲子輪流當值。今年是乙亥年，就由伍保當值，擔任這一年的值星官。有關六十位太歲神的姓名，請參閱「黃帝地母經」。

2、為何要安太歲

（1）由於太歲神位高權重，人人對祂敬畏有加，惟恐「太歲頭上動土」，觸怒了祂，或沖犯了祂，對

自己不利。

（2）為了避免得罪太歲神，因此善男信女的生年碰到
太歲之年（即那一年的一歲、十三歲、二十五
歲、三十七歲、四十九歲、六十一歲、七十三
歲、八十五歲、九十七歲），或生年跟太歲對沖
的人（即那一年的七歲、十九歲、三十一歲、
四十三歲、五十五歲、六十七歲、七十九歲、
九十一歲等），都必須安奉太歲神（即一般俗稱
安太歲）以祈求平安順利。

3、如何安太歲

（1）先查名太歲神的姓名，寫妥太歲符（許多的黃曆
均附有太歲符，讀者不用自己再製作），並在左
下角填妥自己的姓名。

（2）選擇黃道吉日（一般都選正月九日玉皇大帝誕辰
之日），把太歲符貼在神明位上。（太歲符可安
在廳堂神明位與灶君神位上）

（3）接著用清茶、四果、紅湯圓、麵線、點香燭、燒
金（太極金、天金、尺金、壽金）安奉之。

（4）在焚香祭拜時，必須默唸：「某年某月某日，信
士某某某，燒香拜請太歲星君到此安鎮，保庇全
家平安。」

（5）每月十五日與七月十九日（太歲神生日）依上述
程序，備供品祭拜之。

（6）謝太歲神的儀式，應在每年十二月二十四日送神
之日舉行，用清茶與四果拜謝太歲神一年的庇
佑，然後撕下太歲符與壽金一起焚燒即可。

七、年神

年神又稱為歲神或年家，祂們不外從歲干歲支而
起，或順行，或逆行；或取三合，或取三元；或從納
甲，或從歲納音。

1、歲德日：逢歲德神之日，稱之為歲德日。

天干五行之神，稱之為天神；地支五行之神，稱
之為地神。歲德神是歲中的德神，也是天神中最有力量
者，祂對人們有好的影響，因此祂所在之日，事事皆
吉。

《象吉通書》記載：「歲德乃天地極福之神，陰陽
感動之位，凡修作動土、移徒、嫁娶、出入百事，向之
及用此日，大吉也。」

2、歲德合日：逢歲德合神之日，稱之為歲德合日。

歲德合跟歲德一樣，均為吉神，然而前者屬陰，後
者屬陽，因此有柔與剛之別，凡是訂盟、嫁娶等內事，
宜用柔日，即歲德合日；凡是出行、上官赴任等外事，
宜用剛日，即歲德日。

3、太歲神

太歲就是有地球十一倍大木星。它是太陽系中最大的行星，繞太陽一周需近十二年的時間。

堪輿家認定太歲是地神中最有力量者。祂對人們亦吉亦凶，若坐太歲則大吉，若犯太歲則大凶。所謂坐太歲，指在太歲所理之地，從事造葬、修補、移徙等建設性之事；而犯太歲，則指在太歲所理之地，從事開池、挖洞等破壞性之事。

因爲太歲的力量極大，所以吉星必藉其力，才能做福，凶星藉其力，才能爲害。因此楊筠松説：「太歲疊吉星，則貢福；疊凶星，則降禍。」

4、歲破神（又名大耗神）

歲破是地神中最有力量的凶神。祂位居太歲相對之方，其地不可興造、嫁娶、移徙、遠行，亦不可營造倉庫納財物，犯之者主損財物，並有寇賊驚恐之災。

5、大將軍神

大將軍是太歲身邊的從神，主殺伐。所理之地，可以命將帥選威勇，以伐不義；若國家命將出征，則宜背之；另外一切興造，皆不可犯之。

6、太陰神（又名弔客神）

太陰爲年神中之凶神，是太歲的后宮，主疾病哀

泣之事。所理之地，不可興造，亦不可問病、尋醫、弔孝、送喪。此外，婦女生產時忌諱朝向太陰之方。

7、官符（又名地官符）

官符爲年神之凶神，是歲破的從神，主官府詞訟之事。所理之方，不可興工營建，犯之者當有獄訟之常。

8、白虎神

白虎爲破歲的從神，主服喪之災，但並非大凶之神，若疊凶殺，則爲太歲所弔照，其凶有力，故所理之地，不可興修；若疊吉星，則亦吉矣，此時當以吉星照臨爲取用之法。

9、黃幡神

黃幡就是旌旗，乃兵亂之神，所理之地，開旗射弓吉；但不可開門取土，亦不可嫁娶、納財、市買、造作，犯者有損亡之災。

10、豹尾神

豹尾具旌旗之象，爲先鋒之將，常跟黃幡對衝。所理之地，不可嫁娶、興造、納奴婢、進六畜，犯之者，將破財物、損人口。

11、死符神（又名小耗神）

死符是年神中之凶神。所理之地，不宜運動、出入、造作、興販經營。犯之者，當有遺亡虛驚之事；亦不可營塚墓，置死喪，犯之者，主有死亡。

12、歲刑神

歲刑是地神中的惡神。祂所理之地，不論攻城戰陣，或是動土興工，均須迴避，不可向之或犯之，否則多鬥爭。

八、探病凶日

☆黃曆上的日干支的庚午日、己卯日、壬午日、壬寅日、甲寅日、乙卯日，都是探病凶日，若逢上述的日子，不宜探病。

1、楊公忌日

☆每年農曆一月十三日、二月十一日、三月九日、四月七日、五月五日、六月三日、七月二十九日、八月二十七日、九月二十五日、十月二十三日、十一月二十一日、十二月十九日等十三天爲楊公忌日。

逢楊公忌日，忌動土興工、嫁娶、安葬、上官赴任。

2、刀砧日

本日忌針灸與穿割六畜（牛、馬、羊、雞、狗、豬

等）。

3、鳳凰日

☆指女性不忌諱、百無禁忌之日。

4、麒麟日

指男性不忌諱、百無禁忌之日。

5、天赦日

《天寶曆》說：「天赦者，赦過宥之辰也。天赦日爲上天大赦人們罪過之日，這一天百無禁忌，縱使犯錯。許多人辦喜喪事，害怕出錯，乾脆就挑天赦日。每年的天赦日有五至六天，會刊在黃曆的首頁」。

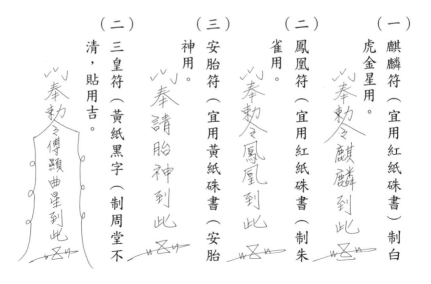

（一）麒麟符（宜用紅紙硃書）制白虎金星用。

（二）鳳凰符（宜用紅紙硃書）制朱雀用。

（三）安胎符（宜用黃紙硃書）（安胎神用。

（二）三皇符（黃紙黑字）（制周堂不清，貼用吉。

217

（一）勅筆咒（硃砂筆）

本師爲吾來勅筆。祖師爲吾來勅筆。
普痷爲吾來勅筆。七祖先師爲吾來勅筆。
金童玉女爲吾來勅筆。本壇將軍爲吾來勅筆。
勅筆三師三童子。勅筆三師三童郎。
聖人賜吾銀硃筆。點天天清。點地地靈。
點人人長生。點鬼鬼滅亡。吾奉聖人勅令
急急如律令。

（二）勅筆咒（墨筆）

一筆天清清。二筆地靈靈。三筆人長生。
四筆鬼滅亡。五筆人蒼蒼自旺。
六筆凶神惡煞走無踪。七筆吾奉太上老君勅。

起筆下符咒：

曰：一點一符頭起天兵。
　　二點一符尾鬼神驚。
　　三點神兵來降臨。
　　神兵火急如律令。
　　急急如律令。

四正：押煞、鎮四方

符胆訣：

咒曰：子丑寅卯辰巳午未申酉戌亥。

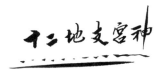

觀音淨水咒：

楊枝淨水、性變作三千、性空八德利人天、法界廣增
延、滅罪消愆火焰化紅蓮、南無清涼地菩薩、摩訶薩
（三稱）

（淨口）

唵、修利、修利、摩訶修利、修修利、娑婆訶。

（淨身）

唵、修哆利、修哆利、修摩利、修摩利、娑婆訶。

（淨土地）

南無、三滿哆、母哆啦、唵、哆嚕哆嚕地尾、娑婆訶。

淨水咒：

淨炉、淨言、淨口、淨身、淨地五方五龍活水化清淨。

註：行淨壇時用

乾坤咒：

（制煞、化煞、收煞、請神用）。

一遍拜請高誦唸。香執玉炉現眞身。太上老君三界靈。
眾聖五岳雷電神。五湖四海日月星。大義存忠關聖帝。
萬經千曲由吾經。正氣參天照亡形。收除五毒五瘟神。
收起三十六天罡。七十二地煞。收起天煞。收起地煞。
收起年月日時。東西南北。一百二十四山凶神惡煞。吾
有正法消天災口中唸出收瘟咒。保祐「全家」保安寧。
南無觀世音菩薩。南無觀世音菩薩。南無觀世音菩薩。
南無阿彌陀佛祖化。

清水符

用法：和陰陽水及七蕊花心、化於水中毛巾洗淨。

淨法：三種花心淨灑即可。

押煞符朱砂：食用、帶身均可（男女用變化在頭部）。

安胎符：食用化水、唸乾坤咒。 六甲

麒麟符朱砂：安貼用

三皇符朱砂：安貼用

開光點眼儀式祝文

香煙沉沉應乾坤　燃起清香透天門
弟子△△△謹擇△△年△月△日△時
為安奉△△△神　舉行開光點眼
拜請天地諸神佛共鑒。請神神在、請佛佛降臨、年利月
德、天也開泰、吉日良時、開光大發光彩。

開光點眼神咒

一點天清、二點地靈、三點兩眼顯光明。點左眼、眼
睛、上觀天庭、點右眼、眼明、下察地理、四點耳、耳
通靈、點左耳、能聽萬人言、點右耳、能察萬人語、五
點鼻、鼻通氣、六點口、口入神、七點額頭、額光彩、
有靈氣、五官七竅都點完、點心背在中關、心通精靈、
點起雙手、神通萬能、點起兩足、四方揚名，點起卅六
骨節，都端正，五臟六腑齊完明，神通廣大，神威顯
赫、大顯神威靈。開光開光萬事吉昌，男增百福，女納
千祥，吾奉玉皇上帝勅令、勅！

勅鏡咒

勅起寶鏡照光明　日　月星光隨光照
照天天明　照地地顯　照人人長生
照神神感應。

勅鏡開光神咒

手拿聖筆、玉皇降旨勅、點開聖眼、神光普照、日吉良

時、天地開張、日月光明、萬事吉昌、南辰北斗、合家
平安。

勅砂咒

神砂原來出貴方　法師拿來手中棒
神砂避邪諸穢壓　開光點眼展神通

勅筆咒

筆點靈朱光、邪魔走茫茫、一勅神筆人長生、二勅神筆
鬼邪藏、三勅神筆財丁旺、點神慧眼開神光。

吉祥符

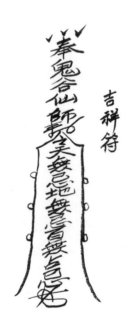

送神文

弟子○○○，吉日安神，山珍海味、香煙菓品，排在台

前、眾位神佛、一來到座、二來領受、三來保佑弟子平安，萬事清吉，紙錢過化，神不久座，小小酒筵，不敢久留，來有名香相請，去時理當奉送。奉送天神歸天，地神歸地，有宮歸宮，有殿歸殿，送神有送。惟有本家香火無送。不敢多言。不敢多語。稽首奉送。

五鬼財符

觀音送財符

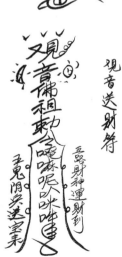

生意興隆發財符

用紅紙條書寫，帶在身上。

中山鬼　中山鬼　急急如律令

開店招來顧客符　貼門內

笑尸鬼糅　急急如律令

推銷業務生意鼎盛符

飛門家又嗯　急急如律令

燒於碗內清水中，沾口三下，餘撒屋頂上

許願達成符　書於紅紙上，放在口袋中。

尸田鬼　日日月　急急如律令

226

全家丹符吃

夫妻和合

人心亂化水食

招財符

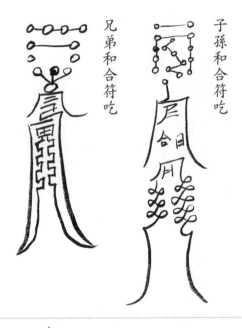

子孫和合符吃

兄弟和合符吃

做生意二人不和食

八卦符

八卦符

八卦咒

八卦靈靈統帶天兵，六十四卦報應分明排兵出陣，等點
我先行破洞塞海卦山扶身。

鎮宅光明保命長生。用我罡決百萬雄兵，日理打在千人
頭上過，夜裡打在萬人頭上行，開弓發箭眾將各齊心。
天神降下萬里朦朧，罩下強兵栲斬除根。無量天師守下
五營兵，祖師本師扶吾心神敢有作弊，妖精化作微塵，
上排天陣下佈霆雲陽間作法，陰府行兵，華蓋展起八卦
威靈，誦吾神咒祝保安寧，吾奉文王八卦祖師。

神兵火急如律令。

洗吃

洗吃都可

保命靈符

開光

關神符

保命平安符

神給人縛住用此神符放行

231

洗淨符

清淨符

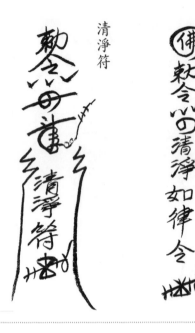

焚香請神符

唵吭吡咄火囉金叱伽邪急急如律令

為吉祥、急急如佛母準提大菩薩摩訶薩急急如律令

安神位時宜用刈金上書金光符口念金光咒，即能驅除汙穢。

拜神用之金紙

盆金：玉皇大帝、三官大帝。

盆金：大極與小極兩種，用於諸神。

天金：頂極天金、大天金、中天金、小天金、四種。拜
　　　玉皇大帝、三官大帝。

　　　拜神用、壽金、大二五金太極、大壽生天金、尺
金、補運錢、甲馬兵馬用。

銀紙：大小銀、大銀祭祀祖靈，小銀用。

安神位的要領

1. 擇日、看主事人之生肖、神、房、之坐向、安香日與
   神在日。

2. 房之位置如今年無利方向，可用浮爐爐下放一圓盤
   子，有的用謝籃放置盤子與爐。爐最好用磁爐，再則
   銅爐次之大理石爐忌用，墊香爐高度用紙錢，神用壽
   金，祖先用刈金，第一張有像得不用。

3. 拜神用五種水菓、祖先用三種、並用湯圓、發粿、清
   茶、鮮花、湯圓拜公媽，公媽是主用碗盛之，拜神明
   因爲神是客用茶杯盛之，神位安好發粿放神桌上三
   天。

4. 神桌高度用文公尺量取財頭本尾。取吉字安之，左龍
   右虎，左青龍邊量起財頭本尾吉字止、虎邊不可太
   迫，牆壁不宜開窗，日光燈不宜直射，最好平行。

5. 清靜，可用時念眞言，如清淨咒、觀世音菩薩楊枝淨

水咒、大明咒、金光神咒、如本人日常所持箴言咒語
最好。

6. 先安神位，後安祖先靈位，神爲陽主男姓，安治不好
家中男人不利，祖先靈位安不好，家中女性不利。

7. 香爐用壽金過火，爐內置寶，錢銅版三枚，正反正，
也可以放五寶、金、銀、銅、鐵、錫，祖先爐內不可
放寶。

　　爐內可以先用春稻灰、再點香。

8. 安神、雙手諸神過火爐喊進、進、進三聲、第三聲時
神像固定。

9. 神先牌位安置：

<pre>
        祖
        先
    燭 牌 燭
    台 位 台

        爐

        敬
        盞
</pre>

10. 祖先牌位不可高過神像、爐亦不可比神爐前宜退。
宜低、牌位之字按生、老、病、死、苦、取生老二
字爲主、燈即祖先之眼睛、祖先由家人自行拜祭。

11. 安神位當天下午宜拜地基主。

12. 神位安好、香、燭、三天不斷、香要熱旺吉。

安爐神咒

拜請八卦祖師敕靈靈，統領天兵神將六四明

先天後天隨兩邊，天羅地網開奉請，

乾先亨利貞顯靈，金木水火土五行，

一敕乾卦西北將，二敕坎乾水將軍，

三敕艮卦東北靈，四敕震卦木星軍，

五敕巽卦東南兵，六敕離卦火將軍，

太極兩儀鎮中央，六十四卦錯開排，

妖邪鬼魔化浮塵，六丁六甲右邊守，

天兵天將左邊護，吾奉太上老君敕令，

敕下神寶八卦錢，鎮人人長生，

鎮宅宅安寧，淨爐爐清，安爐大吉昌

天兵神將急急如律令！

中華民國台灣的八字

1911年（創立中華民國）

○　癸　戊　辛

○　丑　戊　亥

（大運）

民國 1　丁酉

民國 11　丙申

民國 21　乙未　→（木旺日本爲東方木）

民國 31　甲午　→（抗日）

民國 41　癸巳

民國 51　壬辰

民國 61　辛卯

民國 71　庚寅

民國 81　己丑　→（土多大地震）

民國 91　戊子　→（三合水變天）

民國 101　丁亥

此八字用神爲金水

水代表股票

金代表金融

開光點眼儀式祝文

香煙沉沉應乾坤，燃起清香透天門，
弟子何榮柱謹擇，丁亥年十一月十六日辰時，
爲安奉關聖帝君，舉行開光點眼。
拜請天地諸神佛共鑒。
請神神在，請佛佛降臨，
年利月德，天地開泰，
吉日良時，開光大發光彩。

☆一切有爲法，如夢幻泡影
如露亦如電，應作如是觀
諸事萬物均出自眾緣合生之力而成，
暫現眼前；數歷春秋寒暑，即便紅花綠葉長新，
終久還是要隨著歲月而毀壞消失，
於虛空徹塵之中！
人生如雲煙，世事如棋局：
定數不可變，定緣不可解。

流光如梭移不停，縈懷往事若飛煙
誰解凡塵諸般苦，悉由情慾如縷織
名利恰似兩葉舟，茫茫濤心浮沉中
冥冥因果皆自定，無須怨天又尤人
霧觀蜃樓景雖美，嵐盡露散化成空
若思摒卻心中苦，常定之心須修持

非份之念須少求，積善之田宜常種

緣來緣往隨浮雲，萬事但求盡心可

子系星落，草將毛生（指蔣中正及毛澤東）鄷都城垮，惡鬼紛奔

自相殘殺，皆歸天庭大順前修，民意維新

天定陽根，一分為二火外平城，新草將正（蔣中正）

李連共鳴，凳落江中（李連，指的是李登輝、連戰，江中指陳水扁）陸林馬馴，卯金刀華（指馬英九、劉○華）

草世木生，二五排定魔火燃燒，東西灰燼

生態浩劫，天地無明本世了了，來世再生

勅（八卦鏡）鏡開光咒

勅起寶鏡照光明

日月星光隨光照

照天天明，照地地顯

照人人長生，照神神感應

日月光明，萬事吉昌

南辰北斗，合家平安。

請移式：先參拜，雙手請起時口唸（關聖帝君）弟子雙
　　　　手甲您請起來，今吉日時良主家弟子○○○，
　　　　住址○○○全家誠心誠意請您的金身甲您朝
　　　　拜，望您今後保庇他全家平安順利。

寶鏡内（要用朱砂寫）

開光點眼神咒（神佛）

　　一點天清，二點地靈，三點兩眼顯光明，點左眼
眼清，上觀天庭，點右眼眼明，下察地理，四點耳耳通
靈，點左耳能聽萬人言，點右耳，能察萬人語，五點
鼻，鼻通氣，六點口口入神，七點額頭，額頭光彩，有
靈氣，五官七竅都點完，點心背在中關，心通精靈，點
起雙手，神通萬能，點起兩足，四方揚名，點起三十六
骨節都端正，五臟六腑齊完明，神通廣大神威顯赫，大
顯威靈。開光開光普照十方，男增百福，女納千祥。

吾奉玉皇大帝降旨封身

勅令 丹田處 勅！

 （用香在丹田處寫上勅令及井字）

神獸開光法（此神獸指的是金龍、貔貅、麒麟、龍龜等神獸）

天皇皇，地皇皇，太上老君為我來開光

開啟○○○神君，金頭靈光，頭戴八寶響叮噹

開啟左眉右眉光，左右眉八字開，開啟左眼右眼光

左右眼上看天庭，下看地府又看四方

開啟鼻中光，知味聞香，判斷吉兇

開啟左耳右耳光，左耳聽陰，右耳聽陽

開啟口中光，口子闊闊，不食弟子，子食四方

開啟心中光，心福祿福入家來

開啟左肩右肩光，挑財寶入家來開啟左右足前後足

有足光

達達重重出外方

聖人開光用硃筆，弟子開光用香線，開光啟事

萬事吉昌，背後富貴，添財吾奉太上老君勅

勅筆咒（此可用於開光寫符令或開文昌筆）

本師爲吾來勅筆

楊公祖師爲吾來勅筆

普唵爲吾來勅筆

七祖先師爲吾來勅筆

本壇將軍爲吾來勅筆

金童玉女爲吾來勅筆

勅筆三師三童子

勅筆三師三童郎

聖人賜我銀硃筆

點天天清

點地地靈

點人人長生

點鬼鬼滅亡

點神神感應

吾奉聖人勅令

神兵火急如律令

急急如律令

開市文疏

伏以日吉時良 天地開章 今有弟子

擇吉於民國　年 天運歲次　年 月　日　時開幕　　拜請

五路財神　五方福德正神　四方貴人暨本境眾神

土地公　路頭路尾來往

好兄弟　弟子在此開設○○○公司　經營○○○

產品販售買賣　今誠心敬備香、花、茶果、山珍、海味

門前供養　祈求庇佑

店內人員一團和氣　工作認真　弟子當本童叟無欺　努

力經營　若有盈餘必當盡力行善 佈施濟貧　絕不妄語

誠心一片　信心一貫　以報天地神佛之恩

謹此稟疏

弟子：○○○　印

叩首上疏

天運歲次　年　月　日

接引貴人財神　疏文

伏以日吉‧時良‧萬事吉祥‧六神通利‧四道開章‧謹發誠心‧立案焚香‧躬身拜請‧東方貴人‧南方貴人‧西方貴人‧北方貴人‧中方貴人‧開今有請‧伏望降臨‧再來拜請‧東方財神‧南方財神‧西方財神‧北方財神‧五路財神‧開今有請‧伏望降臨‧再來拜請‧本地福德正神‧開今有請‧伏望降臨‧再來拜請‧本方福德正神‧開今有請‧伏望降臨‧又來拜請‧

過往神祈監察尊神等‧到案前座位‧弟子 ○○○ 店址
○○○○○經營○○○今請得五方貴人‧五方財神‧本
地福德正神‧本方福德正神‧過往神祈‧鑑察尊神等‧
祈求保佑弟子生意興隆‧財源廣進‧貴人來扶持‧小人
避千里‧今日吉時良‧備有金銀‧財寶‧清茶‧果品‧
恭請 敬領謹疏上。

立疏叩求人：○○○

感謝神恩

天運　年　月　日　時

安神程序

　　主家需準備東西：紅圓、紅龜、發粿、旺來、蔡
頭、水果、米酒、三牲、大金（天金、壽金、刈金、福
金）。

一、先點燃淨爐。

　①釘神桌。②整理爐（口念南無阿彌陀佛，右手劍
　指寫「佛」字，爐內放12枚硬幣，最後用紅紙貼上
　安爐大吉。

二、淨神位，用六張刈金，在神桌上寫「佛」字，並口
　唸吉日時良，天地開張（某）家安神大吉，萬無一
　失年無忌，月無忌，日無忌，時無忌，百無禁忌
　（某）神您得愛勅賜（某）家，弟子○○○全家平
　安順序。

三、開始安神、神佛先在淨爐淨過，唸（某）神，弟子

○○○雙手將您請起來，今吉日良時，主家弟子
○○○居住…全家誠心誠意請您的全身來甲您朝拜
望你在此大顯靈感保佑全家大小平安，事業成功大
賺錢。

◎後用捧金身上桌，口唸，天亭亭，地亭亭，玉皇
　大帝顯光明，北斗七星親到臨，請某（神）請上
　座位。進進進！

四、安爐：吉日時良，天地開張（某）家安神明爐大
　吉，萬無一失，年無忌，月無忌，日無忌，時無
　忌，百無禁忌，大吉大利（某）神你著受保庇弟子
　○○○全家平安，事業興旺大賺錢。後放置定位。

PS：墊香爐高度神用壽金、祖先用刈金。

五、接著將貢品放置好，並點香，主家與安神者各三
　支，口唸 奉請天地神明、玉皇大帝、七省娘娘、
　觀音佛祖、關聖帝君、玄天上帝、天上聖母、福德
　正神、門神、司命灶君，眾位福神今日吉時良，主
　家弟子，全家誠心誠意來甲您朝拜，望您若愛保庇
　○○○全家平安順序，生意興旺大賺錢。

　後插香

六、在門口請本境福德正神土地公。

　拜請福德正神，鎮守○○○家大門前，雲通明山大
州諸聖眾，保佑○○○家永安寧，過去未來天註定。

　吉利厚福保十方，遊行天下多變化，靈符咒語救萬
人盡心男女茶敬請，一時招請到府前弟子引身專拜請，

拜請福德正神您來降臨，神兵火急如律令。

    PS：（神位安好發粿放神桌三天後才可吃。）

拜地基主之儀式

1. 準備一個便當（魚一尾、豬肉一塊、蛋一個、青菜），筷子，有幾個地基主就準備幾雙筷子，酒杯二個，四方金數捆（支）。
2. 從家裡後門由內向外拜。
3. 點香三支，念『安土地真言』三遍：南無三滿哆母馱南唵度魯度魯地薑梭哈。
4. 念完咒語，男左女右頓足一下，然後插香。
5. 三巡酒。
6. 香燃至一半後開始燒四方金（如果有數個地基主，必須分開燒，如果只有一個桶子，燒完一堆後移動桶子一次）。

安神必備供品

一、五果：鳳梨（旺來）橘子（甘）柿子（利市）香瓜（子孫綿延）甘庶（佳境回甘）

二、山珍海味：金、木、冬粉、豆腐、香菇、薑、鹽、（以上為乾料，各一碗即可）

三、紅圓6碗（圓滿團圓）

四、發糕一對（發富、發貴）

五、菜頭（好彩頭）

六、鮮花

七、香（烏沉香最吉），淨香（老山粉），環香。

八、金紙：拜神佛：大壽金、壽金、刈金、福金（各三只）甲馬、壽生錢

九、斗燭（光明、元辰光采）

十、淨符（淨灑宅地、去穢除氛、迎祥納福），鎮宅保安符（貼大門斗上），招財符神爐符：①天將守爐符②興旺符③清淨符（防女人不潔插香）

十一、香爐放置寶物：龍銀或帝錢（開敕一本萬利或一帆風順等）

十二、神杯（需開光開敕）

十三、鞭炮

拜公媽：（中午拜之）

一、菜飯

二、紅圓六碗

三、發糕一對

四、水果

五、香

六、燭

七、刈金、大銀、小銀、往生錢

拜地基主：（廚房祭拜朝內而拜）（下午日落之前拜之）

一、菜飯一大碗（主人要吃得完爲準）

二、刈、小、經衣、金白錢

三、碗筷兩雙

四、酒三杯

註：神位安座除擇良辰吉日外（非一般通書、農民曆簡
　　單看法，尚需配合神位坐向主生庚，家人有否充剋
　　刑害等……）其方位必須合三元九宮星之生旺元運
　　和正確安神儀軌。以上仍有不足，尚需兼顧風水之
　　納氣、採光、避煞、禁忌等。安神安之得宜可助福
　　主家運亨通，反之恐會招損財等。不得不愼！

入宅安香程序

1.　要擇吉日入宅，並配合屋向、神位、主人和家人的
　　生肖，以不沖剋並可扶山生主爲吉課。

2.　在搬入新宅前三天要向該地基主默禱：弟子○○○
　　已承買此宅，預定○月○日搬入宅，祈求本宅地基
　　主能，庇佑日後居住，平安順利、財利亨通。弟子
　　逢年過節必備菜飯敬答謝。

3.　搬家時間最好在早上或中午，不要晚上入宅。

4.　入宅前幾日可先將不重要之物搬進新宅，但床鋪暫
　　先不靠牆固定，等入宅後再靠牆固定，換上新床
　　單。

5.　入宅前，備一紅包袋內裝硬幣，並在紅包袋入寫上

「招財進寶」入宅時，投入宅內，口念：招財進寶
錢、招財進寶、廣進財利喔！並灑硬幣。

6. 入宅日備一小火爐放門口、家人依序跨而入（去除
往昔的霉運，又可旺宅運）。主家捧祖先牌位及家
神另一人持菜頭一對（用紅紙環妥）掛在大門兩
邊，其餘之人每人必須手持財物，依序進入（不可
空手入宅）。

7. 入宅前先用清淨陰陽水（半冷加熱水）淨宅、全屋
灑淨並口念「唵嘛呢唄咪吽」。

8. 入宅後門口貼上，鎮宅平安符（廟裡可拿）。

9. 入宅時先安家神後安傢俱。午後再拜地基主。

作者簡介 何榮柱

大陸東方易學文化研究院　首席顧問

大陸中國建築風水研究院　首席顧問

十全轉運姓名學派創始人及專利獲獎人

FM89.7淡水河電台「姓名學命運大不同」節目主講人

FM99.3新聲廣播電台「姓名學命運大不同」節目主講人

台灣藝術台命運轉轉轉專任命理老師暨講師

如觀堂風水命理研究中心負責人

中國南京國學院註冊環境文化風水副高級評估師

新竹市中華風水命相學會常務理事

新竹市立文化中心特邀姓名學講師

新竹市風城百貨特聘姓名學義相老師

新竹市淨心服務協會常務理事

國泰人壽姓名學講師

馬來西亞（檳城）特邀命理老師專題演講

中國河洛理數易經學會姓名學顧問

二〇一一中國當代命名策畫名師

二〇一二中國十大地理風水名師

※著作：《風水學教科書》、《八字學教科書》、
　　　　《姓名學教科書》、《轉運神通寶典（簡體版）》、
　　　　《超級神算（簡體版）》

服 務 項 目

一、 陰陽宅風水鑑定

二、八字論命

三、男女合婚

四、嬰兒命名、成人改名、公司行號命名

五、手面相鑑定

六、卜卦、測字、梅花易數

七、一般擇日

八、姓名學、八字學、風水學、手面相學、開運名片學、轉
　　運學、陰盤・陽盤奇門遁甲學、傳授招生執業

九、開運名片設計

十、（陰盤及陽盤）奇門遁甲轉運風水調理

住　　　址：新竹市士林一街12號

預約電話：03-5331186～7　　行動電話：0910159842

姓名學網站：www.66666tw.com

E-mail：golden.her@msa.hinet.net

通訊服務：請先電話詢問詳情以免有誤

現金袋寄掛號信至上述地址

書寫正確生辰八字、姓名、性別、地址、電話

國家圖書館出版品預行編目 (CIP) 資料

八字學教科書 / 何榮柱著 . -- 五版 . -- 新北市：
宏道文化事業有限公司出版：雅書堂文化事業
有限公司發行 , 2024.04
256 面；21×14.7 公分 . -- (知命館；3)
ISBN 978-986-7232-98-4 (精裝)

1.CST: 命書 2.CST: 生辰八字

293.12   113003360

【知命館】03

八字學教科書

作　者／何榮柱

出 版 者／宏道文化事業有限公司
發 行 者／雅書堂文化事業有限公司
郵撥帳號／ 19934714
戶　　名／宏道文化事業有限公司
地　　址／新北市板橋區板新路 206 號 3 樓
電子信箱／ sv@elegantbooks.com.tw
電　　話／ 02-8952-4078
傳　　真／ 02-8952-4084

....

五版一刷 2024 年 4 月

....

定價 480 元